Frank Nullmeier · Tanja Pritzlaff · Anne C. Weihe
Britta Baumgarten

Entscheiden in Gremien

Qualitative Sozialforschung
Band 17

Herausgegeben von
Ralf Bohnsack
Jo Reichertz
Christian Lüders
Uwe Flick

Die Reihe Qualitative Sozialforschung
Praktiken – Methodologien – Anwendungsfelder

In den letzten Jahren hat vor allem bei jüngeren Sozialforscherinnen und Sozialforschern das Interesse an der Arbeit mit qualitativen Methoden einen erstaunlichen Zuwachs erfahren. Zugleich sind die Methoden und Verfahrensweisen erheblich ausdifferenziert worden, so dass allgemein gehaltene Orientierungstexte kaum mehr in der Lage sind, über die unterschiedlichen Bereiche qualitativer Sozialforschung gleichermaßen fundiert zu informieren. Notwendig sind deshalb Einführungen von kompetenten, d. h. forschungspraktisch erfahrenen und zugleich methodologisch reflektierten Autorinnen und Autoren.

Mit der neuen Reihe soll Sozialforscherinnen und Sozialforschern die Möglichkeit eröffnet werden, sich auf der Grundlage handlicher und überschaubarer Texte gezielt das für ihre eigene Forschungspraxis relevante Erfahrungs- und Hintergrundwissen über Verfahren, Probleme und Anwendungsfelder qualitativer Sozialforschung anzueignen.

Zwar werden auch grundlagentheoretische, methodologische und historische Hintergründe diskutiert und z. T. in eigenständigen Texten behandelt, im Vordergrund steht jedoch die Forschungspraxis mit ihren konkreten Arbeitsschritten im Bereich der Datenerhebung, der Auswertung, Interpretation und der Darstellung der Ergebnisse.

Frank Nullmeier · Tanja Pritzlaff
Anne C. Weihe · Britta Baumgarten

Entscheiden in Gremien

Von der Videoaufzeichnung zur Prozessanalyse

VS VERLAG FÜR SOZIALWISSENSCHAFTEN

Bibliografische Information Der Deutschen Nationalbibliothek
Die Deutsche Nationalbibliothek verzeichnet diese Publikation in der
Deutschen Nationalbibliografie; detaillierte bibliografische Daten sind im Internet über
<http://dnb.d-nb.de> abrufbar.

1. Auflage 2008

Alle Rechte vorbehalten
© VS Verlag für Sozialwissenschaften | GWV Fachverlage GmbH, Wiesbaden 2008

Lektorat: Frank Engelhardt

Der VS Verlag für Sozialwissenschaften ist ein Unternehmen von Springer Science+Business Media.
www.vs-verlag.de

Das Werk einschließlich aller seiner Teile ist urheberrechtlich geschützt. Jede Verwertung außerhalb der engen Grenzen des Urheberrechtsgesetzes ist ohne Zustimmung des Verlags unzulässig und strafbar. Das gilt insbesondere für Vervielfältigungen, Übersetzungen, Mikroverfilmungen und die Einspeicherung und Verarbeitung in elektronischen Systemen.

Die Wiedergabe von Gebrauchsnamen, Handelsnamen, Warenbezeichnungen usw. in diesem Werk berechtigt auch ohne besondere Kennzeichnung nicht zu der Annahme, dass solche Namen im Sinne der Warenzeichen- und Markenschutz-Gesetzgebung als frei zu betrachten wären und daher von jedermann benutzt werden dürften.

Umschlaggestaltung: KünkelLopka Medienentwicklung, Heidelberg
Druck und buchbinderische Verarbeitung: Krips b.v., Meppel
Gedruckt auf säurefreiem und chlorfrei gebleichtem Papier
Printed in the Netherlands

ISBN 978-3-531-16052-8

Inhalt

1. **Was sind Gremien? Definition und Forschungsstand** 17
2. **Gremien und Gremienanalyse** 17
   2.1. Kontext und institutioneller Rahmen von Gremien 18
   2.2. Innere Gremienordnung und Entscheidungsprozesse 19
3. **Theoretische Bezüge** 21
   3.1. Begrifflich-analytischer Rahmen 21
   3.2. Integration von Sprache, Körper/Leib und Handlung: Speech-body-act 24
   3.3. Das P-A-C-Schema: Proposal, Acceptance, Confirmation 28
4. **Die audiovisuelle Datenerhebung** 33
   4.1. Wozu eine umfassende Ton- und Videoaufzeichnung des Sitzungsgeschehens? 33
   4.2. Zur Datenerzeugung mit der Videokamera 34
   4.3. Eckpunkte eines statisch-symmetrischen Aufnahmekonzepts 35
   4.4. Feldzugang und Aufnahmedurchführung 38
5. **Die Datentranskription** 39
   5.1. Zur gremienanalytischen Bedeutung von Transkripten 39
   5.2. Transkriptionssysteme und ihre Nutzbarkeit für die Gremienanalyse 40
   5.3. Das Partiturtranskript 44
6. **Die Elementaranalyse** 51
   6.1. Identifikation von Akten 52
       6.1.1. Identifikation von Proposal-Akten 53
       6.1.2. Identifikation von Acceptance-Akten 56
       6.1.3. Identifikation von Confirmation-Akten 58
   6.2. Vom Partiturtranskript zur elementaranalytischen Notation 60

7.	**Prozessanalyse und Visualisierung**	69
	7.1. Entscheidungsverläufe	69
	7.2. Visualisierung von Entscheidungsverläufen	71
8.	**Beispiel**	75
	8.1. Die audiovisuelle Datenerhebung	76
	8.2. Die Datentranskription	77
	8.3. Die Elementaranalyse	79
	8.4. Prozessanalyse und Visualisierung	81
	8.5. Sequenzanalyse	83
9.	**Machtanalyse von Gremienprozessen**	85
	9.1. Proposalbilanzen	86
	9.2. Personale Machtverteilung	88
	9.3. Argumentationsmacht	89
10.	**Weitere Forschungsfelder**	93
	10.1. Gremienentscheidungen und institutioneller Rahmen	93
	10.2. Interkultureller Gremienvergleich	95
	10.3. Videokonferenzen	96
	10.4. Untersuchung von Partizipationsgraden	98
	Literaturverzeichnis	100

1. Was sind Gremien? Definition und Forschungsstand

Wenn Menschen gemeinsam etwas entscheiden wollen, müssen sie sich über die Situation, den Entscheidungsbedarf und die Handlungsalternativen verständigen. Dies geschieht in der Regel dadurch, dass sich Menschen versammeln. Vor allem dann, wenn es sich um mehr als zwei Personen handelt, ist das übliche Medium der gemeinsamen Entscheidungsfindung die mündliche Beratung in Anwesenheit der Beteiligten. Gemeinsames Entscheiden ist so meist Kommunikation unter Anwesenden. Erst in jüngerer Zeit sind durch neue technische Medien Möglichkeiten geschaffen worden, sich auch bei mehr als zwei Beteiligten in Nicht-Anwesenheit mittels mündlicher oder schriftlicher Kommunikation zu beraten (Telefon- oder Videokonferenzen, Internetkommunikation). Die mündliche Beratung in direkter Interaktion ist aber nach wie vor die bei weitem dominierende Form der gemeinsamen Entscheidungsfindung. Traditionell werden Zusammenkünfte zur Beratung gemeinsamer Angelegenheiten als *Versammlungen* bezeichnet.

Unter Versammlungen werden aber nicht nur Beratungen zur Entscheidungsfindung verstanden, sondern auch Zusammenkünfte unter freiem Himmel, Demonstrationen und Kundgebungen zur öffentlichen Darstellung von bestimmten Ansichten und Forderungen. Inzwischen hat es sich deshalb eingebürgert, nur noch bei einer größeren Zahl von Personen den Terminus Versammlung zu benutzen. Zusammenkünfte von weniger als 30 Personen werden eher als *Treffen*, *Meeting* oder *Besprechung* bezeichnet. Dadurch gerät jedoch die Unterscheidung aus dem Blickfeld, ob es sich um eine gemeinsame Entscheidungsfindung, die Weitergabe von Weisungen innerhalb von Hierarchien oder um Zusammenkünfte zu gehobenen Konversationszwecken handelt.

Die politische Sprache bietet mit dem Ausdruck Gremium[1] eine Bezeichnung, die sich auf kleinere Zusammenkünfte mit Entscheidungs- oder Entscheidungsvorbereitungsfunktion bezieht. Zugleich verweist dieser Begriff aber auch auf die rechtliche Verfasstheit solcher Zusammenkünfte: Ein mehr oder minder spontanes Zustandekommen von Kleingruppen zu Entscheidungszwecken bildet

---

[1] Der Begriff ist dem lateinischen *gremium* entlehnt, das „Schoß" beziehungsweise „das Innerste" bedeutet. Er hat sich im 19. Jahrhundert für beschlussfassende oder beratende Körperschaften eingebürgert. Das deutsche Wort Gremium weist aber auch Nähen zum griechischen ἀγείρειν für „versammeln" auf (Drosdowski 1963: 234-235).

keineswegs ein Gremium. Gremien sind in einer rechtlichen Ordnung vorgesehene oder durch Beschluss einer Einrichtung auf Dauer oder zeitbegrenzt gebildete Organe einer Institution. Entsprechend unterscheidet man Gremien von informellen Gruppentreffen. Beispiele für Gremien sind Ausschüsse, Komitees, Vorstände, Räte aller Art (z.B. Betriebs-, Personal- und Verwaltungsräte, aber auch Stiftungs- und Fachbereichsräte), Kommissionen und Kollegialorgane.

Will man eine Definition zu sozialwissenschaftlichen Zwecken entwickeln, bietet es sich an, „Gremien" als institutionalisierte face-to-face-Kontakte von kleiner bis mittlerer Gruppengröße zu bestimmen. Eine genaue zahlenmäßige Abgrenzung lässt sich kaum festlegen, dem Alltagsverständnis kommt aber eine Maximalzahl von ca. dreißig Mitgliedern nahe. Die untere Grenze wird in der Regel bei drei Personen angesetzt. Aber auch ein rechtlich nur aus zwei gleichberechtigten Personen bestehendes Organ einer Institution muss wohl als Gremium angesehen werden, handelt es sich doch um gemeinsames Entscheiden – eine alternative Begrifflichkeit für Zwei-Personen-Organe existiert zudem nicht. Institutionalisiert im Sinne einer meist rechtlichen Festlegung bedeutet, dass bei wechselndem Konkretionsgrad mindestens Teilnehmerschaft (Gremienmitgliedschaft), Aufgabenbereich und (Entscheidungs- oder Entscheidungsvorbereitungs-, d.h. Beratungs-) Kompetenz in einem übergeordneten Regelwerk oder Beschluss fixiert sind. Von Gremien kann dann nicht mehr gesprochen werden, wenn die Funktion der Entscheidungsvorbereitung (durch die Möglichkeit, Empfehlungen verabschieden zu können) oder der Entscheidung entfällt. Man muss dann von Besprechungen, Workshops oder Diskussionsrunden sprechen. Verhandlungen zwischen zwei oder drei (kollektiven) Akteuren können sich auch in Form von face-to-face-Interaktionen in kleinen Gruppen abspielen. Solange ihnen jedoch eine Institutionalisierung und rechtliche Verfasstheit mitsamt einer Kompetenz zu verbindlichem Entscheiden fehlt, handelt es sich nicht um Gremien. Dort, wo diese Merkmale aber gegeben sind (z.B. Tarifverhandlungen), kann es auch Verhandlungsgremien geben.

Der einflussreiche Definitionsversuch von Sartori (Sartori 1987: 227-229; Wiesner 2006: 86) nennt zwei weitere Merkmale, die Gremien ausmachen: die dauerhafte Institutionalisierung zur Erfüllung sachlich begrenzter Aufgaben und die Tendenz, Entscheidungen überwiegend einmütig statt mehrheitlich zu treffen. Beide Faktoren stellen jedoch weder sinnvolle Abgrenzungskriterien noch generelle Merkmale von Gremien dar. So gibt es Gremien mit sachlicher Allzuständigkeit, etwa Vorstände in Unternehmen, oder Gremien, die für sehr kurze Zeit eingerichtet werden, manchmal nur für eine einzige Sitzung. Wie sollte man derartige Zusammenkünfte nennen, wenn nicht Gremien? Und welcher Entscheidungsstil gewählt wird, ein konsensualer oder majoritärer, ist eine spannende empirische Frage, die daher nicht definitorisch vorentschieden werden sollte. Die definitorischen Differenzen beruhen vermutlich darauf, dass Sartori seinen Definitionsversuch auf committees bezieht. Das englische *committee* steht aber eher für Ausschuss, betont die Delegation, die Aufgabenübertragung, die Beauftragung mit einer sachlich eingeschränkten Thematik. Ein dem deutschen Gremium entsprechender englischer Begriff existiert dagegen nicht, man kann nur auf den Begriff *meeting* ausweichen.

Die einzelnen Zusammenkünfte eines Gremiums heißen Sitzungen. Gremien können unterstützt werden von einem kleinen Büro oder einem großen bürokratischen Apparat, die die Sitzungen vorbereiten und Zuarbeiten für den Vorsitzenden und das Gremium übernehmen. Trotz dieser unbestreitbar wichtigen bürokratischen Stützung der Gremienarbeit sind es die Sitzungen, die jenseits der institutionellen Einbettung den Kern des Gremiengeschehens ausmachen. Gremienanalyse besteht mithin da, wo Entscheidungsprozesse, wo die Dynamik des Entscheidens, wo Entscheidungskommunikation unter Anwesenden untersucht werden soll, in der Analyse von Gremiensitzungen.

Gremien kann es in allen gesellschaftlichen Organisationen geben, nicht nur in politischen. Zwar ist die Untersuchung von Gremien als Teil des politischen Prozesses für die Politikwissenschaft besonders bedeutsam, da das politische System einer Gesellschaft, verstanden als zentriert um staatliche Institutionen, kollektiv verbindliche Entscheidungen für alle Personen trifft, die sich auf einem bestimmten Territorium aufhalten. Jedoch auch in Organisationen und Institutionen jenseits des staatlich-politischen Raums findet gemeinsames Entscheiden in Gremien statt. Wie könnte man bezweifeln, dass Gremien in Unternehmen, etwa Vorstände und Aufsichtsräte von Aktiengesellschaften, Entscheidungen treffen? Entscheiden in Gremien ist daher ebenso ein Thema der Wirtschafts- und Organisationssoziologie wie der Politikwissenschaft. Da auch in Schulen, Krankenhäusern, Universitäten, Beratungseinrichtungen, Vereinen, Theatern etc. Entscheidungen in Gremien getroffen werden, können weitere Felder der Sozialwissenschaft ebenso von der Gremienanalyse profitieren. Gremien sind beinahe ubiquitär – und so ist eine entwickelte Methodik der Gremienanalyse mindestens für Teildisziplinen der Soziologie und der Politikwissenschaft von großem Interesse.

Wie wird in all diesen institutionalisierten Interaktionen namens Gremien gemeinsam entschieden? Dies ist die Fragestellung, auf die die hier zu präsentierende Untersuchungsmethode ausgerichtet ist.[2] Die Methode ist fokussiert, sie will gerade nicht das gesamte Gremiengeschehen analysieren. Was interessiert, sind all die Prozesse, die für ein kollektives Entscheiden relevant sind,

---

[2] Die Autorinnen und der Autor danken der DFG für die Förderung des Projektes „Wie wird politische Verbindlichkeit hergestellt? Mikroanalyse der Erzeugung von Verbindlichkeit", in dessen Rahmen die hier vorgelegte Methodik, noch unter Mitarbeit von Tilo Felgenhauer, erarbeitet wurde.

denn: „Nicht alles, was als Kommunikation gelingt, ist eben damit schon Teil des Entscheidungsprozesses" (Kieserling 1999: 373). Daher kommt es einerseits darauf an, das Kommunikationsgeschehen in Gremien so umfassend zu erheben, dass potenziell relevante Aspekte nicht verloren gehen; andererseits ist die Analyse so selektiv zu gestalten, dass allein die Entscheidungsprozesse in dem Rauschen des Kommunikationsgeschehens sichtbar werden.[3]

Die Erforschung von Entscheidungsprozessen in Gremien ist erstaunlicherweise bisher kein systematisch entwickeltes Gebiet der Sozialwissenschaften. In der Politikwissenschaft zum Beispiel ist dieser politischen Interaktionsform trotz der nicht zu bestreitenden Relevanz von Gremien und Gremiensitzungen als Orten politischer Entscheidungsfindung bisher keine hinreichende theoretische und methodische Beachtung geschenkt worden. Zwar spielt die Untersuchung von Ausschüssen insbesondere in der amerikanischen Parlamentsforschung und in der EU-Forschung eine große Rolle, doch hat sich kein Forschungszweig herausgebildet, der übergreifend zu einzelnen Institutionen wie dem U.S.-Kongress oder der EU-Kommission auf generelle Aussagen zu Entscheidungsdynamiken in Gremien zielte und eine entsprechende Methodik entwickelt hätte.

Der Mangel an Methoden zur Entscheidungsprozessanalyse mag auch dadurch bedingt sein, dass sich normative Fragestellungen in den Vordergrund schieben. Das empirische Bemühen um die Rekonstruktion einer Entscheidung, noch dazu auf der Mikroebene der Interaktion in Gremiensitzungen, muss meist hinter dem Interesse an der Bewertung von Entscheidungsinhalt und Entscheidungsprozess oder der Beschäftigung mit Modellen guten Entscheidens zurücktreten. Durchsucht man die Literatur zu individuellem und kollektivem Entscheiden, so fällt diese ganz vorrangige Orientierung an der Rationalität des Entscheidens auf. Dabei sind jedoch mindestens drei grundlegende Rationalitätskonzepte zu unterscheiden:

1. Entscheiden als Wahl: In dieser, die Entscheidungstheorie heute dominierenden Tradition wird Entscheiden als Rationalwahl (*Rational Choice*) konzipiert. Bei gegebenen Präferenzen kommt es in der Kernversion dieser Denktradition darauf an, alternative Handlungsmöglichkeiten in eine diesen Präferenzen am besten entsprechende Reihenfolge zu bringen und jene Alternative zu wählen, die die jeweils höchstmögliche Präferenzrealisierung garantiert (*Präferenzrationalität*). Dieser Ansatz ist zunächst rein normativ-analytisch ausgerichtet im Sinne einer präskriptiven Entscheidungstheorie, wird aber nicht nur in der

---

[3] Die Überlegungen und Vorgehensweisen, die in den folgenden Kapiteln präsentiert werden, lassen sich im begrenzten Rahmen auch auf die Untersuchung informeller Gruppentreffen und zur Analyse größerer Versammlungen anwenden. Freilich sind dazu Modifikationen z.B. im Aufnahmekonzept und bei der Detailtreue der Erhebung und Auswertung erforderlich.

ökonomischen Theorie auch als Grundlage zur Entwicklung von Hypothesen und Modellen zur Erklärung realer Entwicklungen verwendet. Entscheiden in Gruppen wird in dieser Tradition als Informationsaustauschprozess mit abschließender Abstimmung konzipiert. Paradoxien bei Abstimmungen (so besagt etwa das berühmte Condorcet-Paradox, dass für jede von drei Wahlalternativen bei drei Abstimmenden eine Mehrheit je nach Abstimmungsfolge entstehen kann) bildeten den Nukleus einer auf Abstimmungsregeln und Stimmverteilungen konzentrierten Erforschung von committees.

Gremienanalyse ist in dieser Traditionslinie vor allem als Analyse der institutionellen Regeln parlamentarischen Geschehens betrieben worden. Die amerikanische, auf Rational Choice-Ansätzen in der Nachfolge von Duncan Black[4] basierende Analyse von Parlamentsausschüssen hat aufgrund ihrer Konzentration auf Abstimmungsverfahren und -ergebnisse jedoch kein Interesse am konkreten Verlauf von Gremiensitzungen. Die in der Kongressforschung vollzogene Hinwendung zu konkreten Organisationsformen der Gesetzgebung – Bezugsobjekt sind fast ausschließlich die Ausschüsse des House of Representatives und des Senates – geht dabei auf die Beobachtung zurück, dass, statt der gemäß Condorcet-Paradox häufig zu erwartenden zyklischen Abstimmungen, Stabilität das Gremiengeschehen bestimmt (Tullock 1981). Kenneth Shepsle und Barry Weingast erklärten dies durch die Spezifik der Parlamentsorganisation: Das Ausschuss-System sei in der Lage, politische Entscheidungen „to a single issue dimension at a time" zu beschränken, was eindeutige Mehrheiten sichere (Polsby/Schickler 2002: 351; vgl. Shepsle 1978, 1979; Shepsle/Weingast 1981). Diese *Distributive Benefits Theory* betont die Existenz einer Vielzahl von Minderheitsinteressen, die nur durch Koalitionsbildungen mehrheitsfähig werden können. Während sich in den Ausschüssen die jeweils besonders Interessierten sammeln und ihre Anliegen durchsetzen, wird durch die Existenz von Ausschüssen für alle wichtigen Themen über die Politikfelder hinweg ein Ausgleich organisiert (Shepsle/Weingast 1995; Groseclose/King 2001: 192-195).

Seitdem haben sich zwei Theorieströmungen der Kongressanalyse herausgebildet, die dieses „distributive model" für defizitär halten (Groseclose/King 2001; Polsby/Schickler 2002):[5] Die *Informational Theory* stellt Bedingungen und Mechanismen des Informationsaustauschs zwischen Ausschüssen und Plenum des Abgeordnetenhauses in den Mittelpunkt (Gilligan/Krehbiel 1987; 1989; Krehbiel 1991). Die *Majority-Party Cartel Theory* nach Gary W. Cox und

---

[4] Duncan Black (Black 1958) legte den Grundstein der Committee-Forschung. Zur Fortentwicklung seines Ansatzes vgl. Black 1991 und Austen-Smith/Duggan 2005.
[5] Zur Kritik der drei folgenden Modelle zugunsten eines Makroansatzes: Deering/Smith 1997; Adler/Lapinski 2006. Zu den Möglichkeiten und Grenzen von Positive Theories of Committees im Allgemeinen vgl. Hall 1995.

Mathew D. McCubbins (Cox/McCubbins 2007; Kritik bei Schickler/Rich 1997) betont demgegenüber, dass der Interessenausgleich sich nicht auf der Ebene des Parlaments als ganzem vollzieht, sondern durch die Mehrheitspartei – verstanden als legislatives Kartell – organisiert wird.[6] Alle drei Modelle teilen eine dem methodologischen Individualismus verpflichtete, auszahlungsorientierte Sicht auf die politische Praxis (Austen-Smith/Feddersen 2006), die ein eigenständiges Interesse an den realen Abläufen der gremieninternen Herstellung politischer Entscheidungen systematisch ausklammert (Adler/Lapinski 2006; Austen-Smith/Duggan 2005; Shepsle/Weingast 1995).[7]

2. Entscheiden als Argumentieren: Die heute unter dem Namen *deliberative Demokratietheorie* firmierende Traditionslinie (Dryzek 1990, 2000, 2006; Fishkin 1991; Habermas 1992; Bohman/Rehg 1997; Elster 1998; Macedo 1999; Fishkin/Laslett 2003; Gutmann/Thompson 2004; Niesen/Herborth 2007) betrachtet Entscheiden als gemeinsame, kooperative Suche nach besten Lösungen mittels des Austausches von Argumenten. Das bessere Argument sticht und führt zu einer entsprechenden kollektiven Entscheidung. Rationalitätsbasis sind hier nicht individuelle Präferenzen, sondern die von allen – als gleichberechtigte Teilnehmer an einer fairen Debatte – teilbaren Argumente zugunsten einer kollektiven Lösung (*Sachrationalität*). Aus Debatten zu demokratietheoretischen Grundsatzfragen hervorgegangen, hat sich diese Forschungstradition zunehmend auch der Wirklichkeit argumentativen Entscheidens zugewandt (Parkinson 2006). Ein Teil der Forschung richtet sich auf die Frage, welchen Grad an Argumentativität (Deliberationsgrad) Debatten insbesondere in Parlamenten erreichen (Steiner u.a. 2004), eine andere Untersuchungslinie beschäftigt sich mit notwendigen oder sogar normativ wertvollen Abweichungen vom Ideal argumentativer Entscheidungsfindung (Shapiro 2002; Goodin 2003, 2006). Jüngst ist auch der Austausch zwischen Vertretern der Rational Choice-Tradition der Entscheidungsforschung und der deliberativen Demokratietheorie in Gang gekommen (Van Aaken/List/Luetge 2004; Austin-Smith/Feddersen 2006).

Neben der Erforschung von außerhalb der parlamentarischen Praxis angesiedelten diskursiven Verfahren (Saretzki 1997) bildet die detaillierte Analyse des als „Komitologie" bezeichneten Ausschusswesens in der EU einen empirischen Schwerpunkt dieser Forschungslinie. Vor allem in den Arbeiten von

---

[6] Committees werden als Orte interpretiert, an denen insbesondere die Interessen der Partei mit Regierungsmehrheit gestärkt und dadurch die Chancen ihrer Mitglieder auf Wiederwahl erhöht werden sollen. In neuerer Zeit gibt es Versuche, eine kongressübergreifende Anwendbarkeit der Cartel Theory zu begründen (Jones/Hwang 2005).

[7] Konzeptionell ist auch die Arbeit von Pfetsch (1987), einer der wenigen Beiträge zur Theorie der Entscheidung in Gremien, dieser Forschungstradition zuzurechnen.

Christian Joerges und Jürgen Neyer (Joerges/Neyer 1997, 1998; Joerges/Falke 2000; Neyer 2000; Töller 2002; Bergström 2005) ist das EU-Ausschusswesen mit der Hoffnung auf einen deliberativen, sachlich-argumentativ ausgerichteten Stil politischen Regierens jenseits des Nationalstaates verbunden worden. Diese empirischen Analysen sind in den letzten Jahren noch verstärkt mit den theoretischen Ansätzen der deliberativen Demokratietheorie zusammengeführt worden, um die Frage des realen Ausmaßes, der empirischen Ausprägungen und des normativ wünschenswerten Grades von Deliberation zu bestimmen. Diese Forschungstradition wendet sich nun weitaus stärker den Abläufen in Gremien zu, doch wird eine methodisch kontrollierte Gremienprozessforschung zunächst allein für den Aspekt der Argumentationsdichte und -intensität entwickelt (Steiner u.a. 2004).

3. Entscheiden als Entschluss: Eine dritte Linie bilden Arbeiten, die die sachliche Richtigkeit und Rationalität einer Entscheidung in den Hintergrund rücken. Bei Niklas Luhmann findet diese Abwendung von der Sachdimension mit dem Argument statt, dass Richtigkeit eine den modernen Zeiten nicht angemessene, unterkomplexe Konzeption des Entscheidens sei (Luhmann 2000). Vielmehr zwinge die Tempobeschleunigung in der Moderne dazu, die zeitliche Dimension zu betonen. Dass entschieden wird, ist somit wichtiger, als was entschieden wird, kann doch ohnehin eine Revision der Entscheidung erfolgen. Schnelligkeit steht mithin im Zentrum des Entscheidungskonzepts, an die Stelle der Richtigkeitsrationalität tritt die *Zeitrationalität* (Pritzlaff 2006: 59-78). Mit dieser Betonung der Zeit setzt sich Luhmann von der älteren, dezisionistischen Tradition ab, die gänzlich auf ein Rationalitätskonzept verzichtet. An die Stelle von Rechtfertigung, Argumentation und allem Räsonnieren tritt etwa bei Carl Schmitt die Intensität des Willens zur Entscheidung als Entscheidung: die Entschlossenheit (ebd.: 61-63). Entscheiden wird hier gänzlich der Sachdimension entzogen und vom Entscheider her gedacht. Trotz vereinzelter interaktionstheoretischer Anknüpfungsversuche an die Luhmannsche Systemtheorie mit Blick auch auf Gremien (Kieserling 1999: 371-387) hat sich keine stärker empirisch arbeitende Forschung entwickelt, auch wenn das Zeitproblem gerade des politischen Entscheidens zunehmend bewusst wird (Rüb 2008).

Die rationalitätstheoretische Engführung der Entscheidungsforschung weicht in den letzten Jahren einer zunehmenden Offenheit gegenüber irritierenden Realitäten. Aber dennoch haben alle drei Traditionen bisher keine entscheidenden Beiträge zu einer methodisch kontrollierten Analyse von Gremienabläufen geliefert. Wertvollere Anregungen finden sich eher außerhalb der rationalitätstheoretisch geleiteten Entscheidungsforschung – so in den Versuchen einer ethnographisch-deskriptiven Erforschung von Parlamenten und deren Gremien. Bereits lange vor Entfaltung der deliberativen Demokratietheorie hatte Jane

Mansbridge in „Beyond Adversary Democracy" (Mansbridge 1980) mit der detaillierten Beobachtung und Auswertung eines Town Meeting eine methodisch anspruchsvolle und zugleich demokratietheoretisch engagierte Arbeit vorgelegt. Ihre Arbeit steht an der Schnittstelle zwischen deliberativer Forschungstradition und einer ethnographischen Gremienforschung, deren Anfänge bei Chadwick F. Alger (Alger 1966) zu finden sind. Als führend auf diesem Feld können die Arbeiten von Richard Fenno[8] (u.a. Fenno 2007, 1995) gelten. Fenno stützt sich im Unterschied etwa zu den Arbeiten zur Parlamentsforschung von David Mayhew[9] (Mayhew 2000, 2005, 1978) auf teilnehmende Beobachtung des Parlamentsgeschehens und ethnographische Aufzeichnungen.

Auch in der Soziologie sind die Bemühungen zu einer empirischen Gremien- und Entscheidungsprozessforschung bisher nicht sehr weit gediehen. Selbst in den interaktionistischen Theorierichtungen mit Neigung zu mikrosoziologischen Themenstellungen sind Gremien nicht Gegenstand intensiverer Forschungsanstrengungen geworden. Grundlage einer detaillierten Erforschung von Gremienprozessen hätten die Arbeiten von Erving Goffman sein können, insbesondere seine „Encounters" (Goffman 1961), „Strategic Interaction" (Goffman 1969) und „Forms of Talk" (Goffman 1981). Seine Untersuchungen von face-to-face-Interaktionen konzentrierten sich jedoch eher auf weniger strukturierte und institutionalisierte „encounters" (Begegnungen) und „gatherings" (Zusammenkünfte). Eine nähere Erforschung von Gremien und Entscheidungsprozessen schloss sich nicht an, obwohl Goffman seine Konzepte explizit auch auf Versammlungen und Gremiensitzungen anwendbar hielt (Goffman 1982: 9). Konzeptionelle Hinweise liefert auch die der Mikrosoziologie durchaus nahe stehende Konversationsanalyse in der Nachfolge von Harvey Sacks und Emanuel A. Schegloff (u.a. Sacks/Schegloff/Jefferson 1974; Schegloff 1992, 2006, 2007). Doch trotz einer zunehmenden Ausrichtung auf institutionelle Interaktion in Klientenbeziehungen, in Schulklassen, Verhandlungs- und Beratungssituationen ist es nicht zu einer konversationsanalytischen Untersuchung von Gremiensitzungen gekommen (Arminen 2005). Am weitesten fortgeschritten dürften die Untersuchungen von Helen B. Schwartzman (Schwartzman 1986, 1989) über „meetings" sein, die in einem organisationssoziologischen Kontext entstanden sind. Ihr Interesse ist aber auf die soziale Konstruktion und Funktionsweise von Sitzungen in spezifischen organisatorischen Kontexten gerichtet. Auch in diesem Ansatz erfolgt daher nicht der Sprung zu einer methodisch kontrollierten Datenerhebung und konzeptionell ausgerichteten Analyse

---

[8] Fennos verhaltensorientierter Ansatz setzt auf „one-on-one conversations and firsthand observations of candidate-constituent connections and contexts" (Fenno 2007: 46).
[9] Mayhew gilt als Pionier einer empirischen Kongressanalyse (Adler/Lapinski 2006: 10). Zur Kritik an Mayhew siehe Kelly 1993 und Howell u.a. 2000.

der Gremienabläufe.[10] Die neuere Organisationswissenschaft im Übergangsfeld von Betriebswirtschaft und Soziologie hat in der Beschäftigung mit der keineswegs immer zweckbezogenen und rationalen Funktionsweise von Organisationen wertvolle Überlegungen, meist unter dem Label „Mikropolitik" (Burns 1961; Crozier/Friedberg 1993; Küpper/Felsch 2000; Ortmann 2003), beigesteuert, doch der Dimension des Interaktionssystems Gremiensitzung nur bedingt Aufmerksamkeit geschenkt. Aktuell rücken Gremien jedoch in der Corporate Governance-Literatur ins Zentrum des Interesses (Clarke 2007: 33-82; Mallin 2007: 121-141; Schewe 2005: 121-203). Insbesondere kommt dem Aufsichtsrat (board) nach spektakulären Firmenzusammenbrüchen, wie im Falle Enron, große Aufmerksamkeit zu. Sein Verhalten (auch gegenüber den Vorständen bei dualer Unternehmensverfassung) wird mit der Typisierung in aktive und passive Aufsichtsräte zu erfassen gesucht. Angesichts der Dominanz der Kontrollfrage und der forschungsstrategisch nachteiligen Nicht-Zugänglichkeit und Nicht-Öffentlichkeit der Aufsichtsratssitzungen konzentriert sich die empirische Forschung auf die Zusammensetzung der Gremien, Kompetenzen, Sitzungshäufigkeit und -dauer, Beschlüsse etc. In Zusammenfassung dieses Überblicks zur Forschungslandschaft muss festgestellt werden: Eine ausgearbeitete Methode zur Mikroanalyse von kollektiven Entscheidungen und eine systematische Beschäftigung mit Gremienprozessen lassen sich in den sozialwissenschaftlichen Disziplinen zurzeit nicht finden.

In den folgenden Kapiteln werden konzeptionelle Grundgedanken sowie ein systematisches methodisches Instrumentarium präsentiert, die den Versuch unternehmen, das skizzierte Forschungsdesiderat einzulösen. Zunächst geben die Kapitel 2 und 3 eine Einführung in die theoretischen Grundlagen, auf denen der präsentierte methodische Ansatz der Gremienanalyse beruht. Während Kapitel 2 erläutert, warum es – in Abgrenzung zum institutionellen Rahmen und den äußeren Kontextbedingungen – vor allem die inneren Prozesse des Gremiengeschehens sind, auf die sich eine systematische Erforschung gemeinsamer Entscheidungsfindung in Gremien konzentrieren sollte, zeigt Kapitel 3 zunächst die theoretischen Traditionslinien auf, an die die hier entfaltete Konzeption anknüpft. Daran anschließend werden der Begriff des speech-body-acts und ein dreiteiliges Prozessschema, das P-A-C-Schema, bestehend aus den Elementen Vorschlag, Akzeptanz und Bekräftigung (Proposal – Acceptance – Confirmation), als analytische Basiseinheiten des Untersuchungsansatzes eingeführt und erläutert.

Darauf aufbauend wird eine Methodik präsentiert, die die Möglichkeit eröffnet, Gremiensitzungen als politische Interaktionsform empirisch zu untersu-

---

[10] Weitere empirisch ausgerichtete Arbeiten finden sich in Sommermann 2001.

chen. Das vierschrittige Verfahren umfasst die Erhebung und Dokumentation audiovisueller Daten, vorgestellt in Kapitel 4. Deren Transkription mithilfe eines eigens entwickelten Notationssystems wird in Kapitel 5 dargelegt. Eine erste grundlegende Analyse auf Elementarebene, die so genannte Elementaranalyse, steht im Zentrum von Kapitel 6. In Kapitel 7 findet sich die Zusammenführung der Analyseschritte auf Prozessebene und deren Visualisierung. Um die innere Systematik und den Zusammenhang dieser vier Schritte zu verdeutlichen, führt Kapitel 8 den gesamten Ablauf der Untersuchungsmethodik an einem empirischen Fallbeispiel vor. Als Analyseeinheit wurde dabei ein Tagesordnungspunkt einer Ausschusssitzung eines deutschen Länderparlaments gewählt.

Während die Kapitel 4 bis 8 die allgemeinen methodischen Grundlagen des hier vorgestellten Ansatzes aufzeigen und vorführen, widmet sich Kapitel 9 einer vor allem für die Politikwissenschaft relevanten Fragestellung, nämlich der Machtanalyse. In diesem Kapitel kann gezeigt werden, dass es möglich ist, sich der Frage nach der Machtverteilung in Gremien mit Hilfe des hier präsentierten Ansatzes aus einer neuen Perspektive zuzuwenden. Dabei wird deutlich, dass Antworten auf die Frage nach der personalen Machtverteilung einerseits und der Argumentationsmacht andererseits gegeben werden können, die sich ausschließlich auf dem Wege der audiovisuellen Datenerhebung und -transkription sowie mit Hilfe der präsentierten Prozessanalyse erzielen lassen.

Im Sinne eines Ausblicks stellt Kapitel 10 weitere Forschungsfelder vor, in denen der vorgeschlagene Ansatz der Gremienanalyse angewendet werden kann. Es werden erste Annäherungen an die Erforschung des institutionellen Rahmens von Gremienentscheidungen, an einen interkulturellen Gremienvergleich, die Analyse von Videokonferenzen sowie zur Erfassung von Partizipationsgraden in Gremien vollzogen und erste Hinweise dazu gegeben, inwiefern die vorgestellte Methodik für das jeweilige Forschungsfeld modifiziert werden müsste. Dieser Ausblick verdeutlicht die vielfältigen und interdisziplinären Einsatzmöglichkeiten des nun vorliegenden gremienanalytischen Instrumentariums, dessen Systematik im Mittelpunkt der folgenden Kapitel steht.

2. Gremien und Gremienanalyse

Eine *umfassende* Erforschung eines Gremiums, beispielsweise eines Aufsichtsrates innerhalb eines Unternehmens, bedarf der Berücksichtigung einer Außen- und einer Binnenperspektive:

- Zur Außensicht auf ein Gremium gehört die Analyse des institutionellen Rahmens und des gesamten Kontextes, in dem das Gremium steht. Der institutionelle Rahmen gibt die Position eines Gremiums in einem Gremiengefüge an, insbesondere durch Festlegung von Entscheidungskompetenzen, Aufgabenbereichen und Zusammensetzung (z.B. paritätische Besetzung in mitbestimmten Unternehmen). So ist ein Aufsichtsrat ein Gremium, das laut Aktiengesetz eine bestimmte Stellung in der Unternehmensverfassung besitzt und laut jeweiliger Satzung zusammen mit dem Vorstand in ganz bestimmte Aufgabenteilungen eingebunden ist. Das Unternehmen hat aber auch eine bestimmte Stellung auf dem Markt erreicht, es produziert eine bestimmte Art von Gütern oder Dienstleistungen, beliefert bestimmte Kunden, weist eine besondere Geschichte auf mit einem bestimmten Personal und mehr oder minder verfestigten Organisationsstrukturen. All dies ist bei der Außensicht auf ein Gremium zu berücksichtigen.
- Aus der Binnenperspektive interessieren die innere Ordnung des Gremiums und das Geschehen in den Gremiensitzungen selbst. So folgt der Aufsichtsrat in seinen Sitzungen einer bestimmten Geschäftsordnung, bildet bestimmte Verfahren und Routinen aus und arbeitet auf der Basis einer internen Rollenverteilung, die auch gesetzlich vorgegeben sein kann – wie beispielsweise das Amt des Aufsichtsratsvorsitzenden. Das Gremiengeschehen setzt sich aus allen kommunikativen Vorgängen innerhalb und am Rande einer Sitzung zusammen, wobei die auf Entscheidungen zielenden Beiträge von herausgehobener Bedeutung sind. Diese können in vielfältigen Formen der Rede auftreten, etwa als Ansichten, konkrete Vorschläge oder Argumente. Aber auch körperliche Signalisierungen, etwa ein Kopfschütteln, können dazu beitragen, dass überhaupt eine Entscheidung bzw. eine ganz bestimmte Entscheidung getroffen wird.

2.1. Kontext und institutioneller Rahmen von Gremien

Gremien sind institutionalisierte Zusammenkünfte. Ihre Zusammensetzung, Aufgabenbereiche und Entscheidungskompetenzen sind rechtlich fixiert, sei es in einem Beschluss einer übergeordneten Instanz, einer Satzung, einer Verordnung, einem Gesetz, oder gar in der Verfassung. Diese Festlegung von Stellung, Kompetenz und Mitgliedschaft eines Gremiums bildet seinen *institutionellen Rahmen*. So gehört es zum institutionellen Rahmen, aus wie vielen Mitgliedern ein Gremium besteht bzw. wer darüber befinden kann, welche Personengruppen zur Mitgliedschaft befähigt sind und wie Mitglieder in das Gremium berufen werden (durch Wahl, Kooptation, Bestellung oder Los), welche Abstimmungsregeln für welche Materien gelten und ob es Stimmgewichtungen gibt. Kein Gremium wird ohne die Beachtung dieses institutionellen Rahmens in seiner Funktionsweise zu verstehen sein. Rechts- und Politikwissenschaft sind traditionell gerade auf die Untersuchung derartiger institutioneller Strukturen ausgerichtet. Während die Rechtswissenschaft die positiv-rechtlichen Bestimmungen kohärent zu interpretieren und mögliche Streitfälle bzw. Rechtsunsicherheiten zu klären sucht, steht für die Politikwissenschaft die Untersuchung des Verhältnisses zwischen rechtlichen Regelungen und ihrer Anwendung und Nutzung im Vordergrund. Institutionalistische Ansätze in Politikwissenschaft, Soziologie und auch in der Ökonomie untersuchen vor allem die Auswirkungen unterschiedlicher institutioneller Regelungen und bewerten diese anhand demokratietheoretischer Maßstäbe oder der Kriterien von Effektivität und Problemlösungsfähigkeit (Scharpf 2000).

Die Untersuchung der Wirkungsweise von institutionellen Strukturen lässt sich einerseits gegenüber Fragestellungen abgrenzen, in denen dem jeweiligen ökonomischen, sozialen, politischen und historisch-kulturellen *Kontext* Rechnung getragen wird. Unterschiede zwischen nationalen politischen Systemen oder Kulturkreisen, Unterschiede in der ökonomischen oder sozialen Stellung sowie situative und historische Faktoren können auch für sich betrachtet relevant sein, wenn es darum geht, die Bedeutung und Wirkungsweise eines Gremiums näher zu verstehen. Gleichwohl richtet sich das Interesse andererseits aber oft auch auf die Frage, ob eine institutionelle Regel unter höchst unterschiedlichen Kontextbedingungen nicht doch gleiche oder ähnliche Mechanismen auslöst und gleiche oder ähnliche Wirkungen erzielt – Kontext und institutioneller Rahmen werden mithin häufig auch durch die Fragestellung miteinander verschränkt.

Die in diesem Buch präsentierte Methode der Gremienanalyse richtet sich nicht auf die Untersuchung des institutionellen Rahmens und des Kontextes eines Gremiums, sondern auf die inneren Prozesse des Gremiengeschehens. In vergleichenden Analysen können jedoch unterschiedliche Gremienabläufe auf differierende Rahmenregelungen und Kontexte zurückgeführt werden. Die Gremienanalyse kann mithin auch für Untersuchungsinteressen, die die Außenperspektive einnehmen, geöffnet werden (siehe dazu Kapitel 9.1. und 9.2.).

2.2. Innere Gremienordnung und Entscheidungsprozesse

Die Sozialwissenschaften haben sich bisher kaum der inneren Ordnung und den Abläufen in Gremien gewidmet. Als innere Ordnung sollen hier die Verfahrensregeln für das Gremium und die einzelnen Gremiensitzungen bezeichnet werden. Diese können durch ein detailreiches Gesetz vorgegeben sein, auf einer selbst gegebenen Geschäftsordnung oder auch nur auf Gewohnheit und allgemeiner Übung beruhen. Doch folgen eine Vielzahl von Gremien ähnlichen Regeln: So ist sowohl die Rolle eines Sitzungsleiters als auch die Strukturierung des Sitzungsablaufs durch eine Tagesordnung allgemeine Praxis. In den USA haben sich seit langem „Robert's Rules of Order" als allgemeine Geschäftsordnung für Sitzungen und Gremien aller Art durchgesetzt. Die 1876 erstmals von Henry Martyn Robert, einem Offizier der U.S. Army, veröffentlichten, später von ihm selbst und weiteren Familienmitgliedern modifizierten Regeln (Robert/Evans/Honemann/Balch 2000; Robert 2006) bieten eine kanonisierte Form der Sitzungsgestaltung, deren Basiseinheit der Antrag (motion) ist. Eine differenzierte Typologie von Antragsformen mit zugehörigen Vorgehensweisen und Abstimmungsregeln bildet das Grundgerüst dieses Geschäftsordnungskonzepts, das auf der Generalisierung von Geschäftsordnungsregeln des englischen und amerikanischen Parlaments beruht (Hofmann/Riescher 1999: 102-116). In der Bundesrepublik gilt meist die Geschäftsordnung des Deutschen Bundestages als Vorbild auch für nichtparlamentarische Gremien.

Inzwischen gibt es zahlreiche Versuche, Alternativen zur tradierten Praxis der Geschäftsordnung zu entwickeln, die auf ein Zurückdrängen der Mehrheitsregel zugunsten von Konsensverfahren zielen und von kommunikationspsychologischen Untersuchungen und der Moderationsmethode inspiriert sind (z. B. Susskind/Cruikshank 2006). Die umfangreiche Handbuch-Literatur zu Moderation und Sitzungsgestaltung (z.B. Euro-Institut 2007; Mentzel 2007; Shambroom 2004) bietet Regelzusätze und praktische Verhaltensanleitungen, ohne jedoch auf Erhebungen als empirische Basis zurückgreifen zu können.

Eine Sozialwissenschaft der inneren Ordnung, also der Mikroregeln einer Sitzung, fehlt bisher noch. Ansätze zur Typologisierung dieser Regeln finden sich bei Achim Hurrelmann, Katharina Liebsch und Frank Nullmeier (Hurrelmann/Liebsch/Nullmeier 2002). Auch kann auf Elinor Ostroms allgemeine

Typologie institutioneller Regeln zurückgegriffen werden (Ostrom 2005). Regeln der zeitlichen Strukturierung lassen sich von Regeln des Zugangs, der Aufmerksamkeitsregulierung und sachlich-thematischen Zentrierung, der Raum- und Sitzordnung (Manow 2004) oder der Redesequenzierung unterscheiden.

Will man die innere Dynamik von Entscheidungsprozessen erfassen, kann man sich aber nicht mit diesen Sitzungsablaufsregeln begnügen. Der konkrete Prozess der Gremiendebatte, die Abfolge von Redebeiträgen und Interventionen, die ganze Dynamik des kommunikativen Prozesses bis hin zur Erklärung, dass eine Entscheidung getroffen worden ist, bedarf der näheren Aufklärung. Dabei ist die Zielsetzung nicht eine sozialpsychologische Studie der Gruppenbeziehungen innerhalb eines Gremiums,[25] sondern die Identifikation und Analyse der entscheidungsrelevanten Elemente im komplexen Gremiengeschehen. Genau zu diesem Zweck wurde die in diesem Buch vorgestellte Methode entwickelt. Sie ermöglicht es, auf der Grundlage einer umfassenden Erhebung des Gremiengeschehens eine auf gemeinsames Entscheiden zentrierte Datenauswertung vorzunehmen.

---

[25] Einen ersten Überblick über die weit verzweigte sozialpsychologische Forschung zu Gruppeninteraktionen und gemeinsamem Entscheiden bietet Kerr/Tindale 2004.

3. Theoretische Bezüge

3.1. Begrifflich-analytischer Hintergrund

Die hier präsentierte detaillierte Analyse jener Prozesse und Interaktionen, die das Entscheidungshandeln in Gremien konstituieren, weist theoretische Bezüge unter anderem zur Sprechakttheorie, der Konversationsanalyse, der Phänomenologie und zu verschiedenen mikrosoziologischen Ansätzen auf, insbesondere zur Ethnomethodologie. Darüber hinaus bilden einzelne Aspekte jener Konzeptionen, die in der Sozialtheorie, den Kulturwissenschaften und der Philosophie unter dem Label *Practice Theory* zusammengefasst werden, zentrale Bezugspunkte.

In der Tradition des symbolischen Interaktionismus (Blumer 1969, 1973), der Sozialphänomenologie (Schütz 1971/72, 1974; Schütz/Luckmann 1979) beziehungsweise der Wissenssoziologie (Berger/Luckmann 1980; Knoblauch 2005b), der Ethnomethodologie (Garfinkel 1967; Patzelt 1987, 1991, 1992) und weiterer Ansätze, die dem „interpretativen Paradigma" zugerechnet werden (Goffman 1980), richtet sich die Aufmerksamkeit auf jenes Alltagswissen, das das Alltagshandeln von Akteuren sinnhaft strukturiert und anleitet. Generell gehen sozialwissenschaftliche Studien in der Tradition des interpretativen Paradigmas (Rabinow/Sullivan 1987; Denzin 1989) davon aus, dass Interaktion auf der Grundlage von 'Bedeutungen', d.h. auf der Grundlage von 'Wissen' im weiteren Sinne erfolgt, das die Akteure von ihrer Situation, ihren Handlungsmöglichkeiten und auch sich selbst haben. Die Prozesse, die auf der Mikroebene politischer Interaktion ablaufen, konstituieren sich als sinnhafte Handlungsakte, die zugleich das Resultat von intersubjektiven Aushandlungsprozessen sind.

Gegenüber jenen interpretativen Ansätzen, deren Fokussierung auf die Dimension 'Wissen' zu einer einseitigen Ausrichtung auf *Text-* und *Sprach*material führt, nimmt die hier verfolgte Konzeption auch *Praktiken* im Sinne sozial etablierter Formen gemeinsamen Agierens in institutionellen Kontexten (Wagenaar/Cook 2003: 146) in den Blick, in denen sich das Geschehen auf der *Handlungsebene* zeigt und beobachtbar ist.

In den letzten Jahren haben sich verstärkt theoretische Konzeptionen entwickelt, die *soziale Praktiken* zur zentralen Kategorie erheben.[26] Soziale Praktiken werden als Handlungen aufgefasst, denen in dem sozialen Umfeld, in dem sie auftreten, eine bestimmte Signifikanz zugerechnet wird (Stern 2003: 186). Generell lässt sich sagen, dass s*ozial* hier nicht notwendigerweise meint, dass – im Sinne einer Interaktion – an einer Praktik stets mehrere Akteure beteiligt sein müssen, damit überhaupt von einer Praktik gesprochen werden kann, sondern dass die für eine Praktik konstitutive Sinnhaftigkeit (Reckwitz 1997) stets eine soziale ist. Fasst man Entscheiden in Gremien als Praktik auf, so ist es jedoch als soziale Praktik *im engeren Sinne* zu bezeichnen. Gemeinsames Entscheiden ist eine Praktik der Verbindlichkeitsherstellung, es resultiert in einer gemeinsamen verbindlichen Festlegung der beteiligten Akteure auf ein bestimmtes, von den einzelnen Teilnehmern im Moment der Entscheidung identifizierbares Entscheidungsergebnis (Pritzlaff 2006: 146). Die Herstellung von Verbindlichkeit ist nicht als einseitiger Akt denkbar: Sie vollzieht sich in einem *relationalen* Gefüge von mehreren (mindestens zwei) Akteuren, ist insofern immer eine Interaktion und eine explizit *soziale Praktik*, das heißt eine Form von „Gemeinschaftsleistung".

Interaktionen, deren Ziel das gemeinsame verbindliche Festlegen auf eine Handlungsoption ist, lassen sich noch in einem weitergehenden Sinn als *soziale* Praktiken charakterisieren: Sie erlangen ihre Sinnhaftigkeit nur dadurch, dass diese intersubjektiv hergestellt wird, und zwar in einer Wechselseitigkeit von Äußern und Vernehmen, bzw. von Anspruch und Anerkennung. Ein Bezugspunkt findet sich hier in der Rechtstheorie Adolf Reinachs (Reinach 1989), dessen Konzeption sozialer Akte als Vorläufer der Sprechakttheorie (Austin 1975, 1979; Searle 1969, 1979) gilt. Für Reinach ist das zentrale Charakteristikum eines sozialen Aktes seine „Vernehmungsbedürftigkeit".[27] Konstitutiv für

---

[26] Unter der Bezeichnung *Practice Theory* wird häufig ausschließlich jene Gruppe von Ansätzen zusammengefasst, die erstmals in dem Band „The Practice Turn in Contemporary Theory" (Schatzki/Knorr Cetina/Savigny 2001) präsentiert wurde (Preda 2000; Stern 2003: 188). Als deutscher Vertreter der 'Practice Theory' gilt vor allem Andreas Reckwitz (Reckwitz 1997, 2003). Fasst man den Begriff – im Sinne des Practical Turn in der Philosophie – weiter auf, so ist eine Vielzahl von Konzeptionen zu nennen, die Heideggers Sein und Zeit (2006 [1927]) und Wittgensteins Philosophische Untersuchungen (1999 [1953]) zu ihren theoretischen Wurzeln zählen (Stern 2003: 188). Unter diesen weiteren Begriff lassen sich beispielsweise die Arbeiten von Joseph Rouse (Rouse 2002; 2007a, 2007b) fassen, aber auch auf die Sprachphilosophie Robert B. Brandoms (Brandom 1979, 1994, 2000). Als prominentester Kritiker des Praktikenkonzepts ist Stephen P. Turner in Erscheinung getreten (Turner 1994, 2002, 2007).
[27] Reinach verdeutlicht dies am Beispiel des Befehls. Der Befehl „gibt sich, in seiner Wendung an den anderen, kund, er dringt in den anderen ein, es ist ihm die Tendenz wesentlich, von dem anderen vernommen zu werden. Wir werden niemals einen Befehl vollziehen, wenn wir bestimmt wissen, daß das Subjekt, an das wir uns befehlend wenden, unfähig ist, seiner innezuwerden. Der Befehl ist seinem Wesen nach vernehmungsbedürftig. Wohl kommt es vor, daß Befehle erteilt, aber nicht

soziale Akte ist es mithin, dass eine Äußerung und das Vernehmen dieser Äußerung durch einen Adressaten ein relationales Gefüge bilden. Dazu bedarf es eines Aktes, der, um vernommen werden zu können, 'physisch' in Erscheinung tritt.[28] Reinach unterscheidet dabei zwischen sozialen Akten wie der Mitteilung, bei denen es in der Regel nur darum gehe, dem Adressaten einen Inhalt kundzugeben, und sozialen Akten wie dem Fragen, der Bitte und dem Befehl, die auf „respondierende Betätigungen" durch den Adressaten zielten. Diese Unterscheidung differenziert er in dem Sinne weiter, dass von Akten wie dem Befehl, der Bitte und dem Versprechen eine „Wirksamkeit" ausgehe, die sich in der Dimension von Anspruch und Verbindlichkeit manifestiere (Reinach 1989: 161-175). Angelehnt an die Reinachsche Konzeption der sozialen Akte sind die in Gremien beobachtbaren Praktiken, die auf eine gemeinsame verbindliche Festlegung zielen, als relationales Gefüge aus adressierenden Akten und respondierenden Akten zu begreifen, bei dem die Sinnhaftigkeit der Interaktion aus der Wechselseitigkeit entsteht (Waldenfels 2007: 415-416).

Eine weitere Grundannahme, auf der die hier präsentierte Konzeption beruht, lässt sich im Anschluss an die Ethnomethodologie formulieren: Die Ethnomethodologie als „Soziologie des Alltagshandelns" geht davon aus, dass das menschliche Handlungsrepertoire „in seinen Grundzügen ein beschränktes" ist und sich daher im Rahmen eines generalisierenden Forschungsanliegens Grundformen menschlichen Interagierens „identifizieren und als ‚formale Praktiken des Alltagshandelns' systematisch zusammenstellen" lassen, die allen soziokulturellen Situationen gemeinsam sind (Patzelt 1991: 160-161). Überträgt man diese Vermutung auf Praktiken gemeinsamen Entscheidens, so ist davon auszugehen, dass sich innerhalb des empirisch beobachtbaren Spektrums, in dem sich Entscheidungshandeln in Gremien konkretisiert, typische Prozessverläufe identifizieren lassen, die als Grundformen des Entscheidungshandelns das Gremiengeschehen strukturieren.

Analog zu Typenbildungen im Bereich sprachlicher Äußerungen, wie sie in der Konversationsanalyse vorgenommen werden, kann, so die Vermutung, eine Typologie von Entscheidungspraktiken erarbeitet werden. Derartige Praktiken im Sinne einer Grundform des Prozessverlaufs bestehen aus Interaktionssequenzen adressierender und respondierender Akte, die sich auf der Mikroebene des Gremiengeschehens beobachten lassen. Praktiken oder typische Prozessverläufe in diesem Sinne sind jedoch nicht zu verstehen als identisch ablaufende Routi-

---

vernommen werden. Dann haben sie ihre Aufgabe verfehlt. Sie sind wie geschleuderte Speere, welche niederfallen, ohne ihr Ziel zu erreichen" (Reinach 1989: 159 – Hervorhebungen im Original).
[28] Reinach betont dabei, dass die Äußerung nicht nur verbal erfolgen könne: „Der Befehl kann in Mienen, in Gesten, in Worten in Erscheinung treten" (ebd.: 160).

nen. Praktiken des Entscheidungshandelns sind dynamisch, sie variieren in ihren konkret beobachtbaren Erscheinungsformen. Die hier zugrunde liegende Annahme ist jedoch, dass sich Praktiken auf bestimmte Basiselemente zurückführen lassen. Im Anschluss an Reinachs integratives Verständnis der 'Äußerung' eines sozialen Aktes im Sinne eines 'physischen' In-Erscheinung-Tretens umfassen typische Sequenzen von Entscheidungspraktiken sowohl verbale als auch nonverbale Akte. Innerhalb des hier vorgestellten Ansatzes findet dieses integrative Verständnis seinen Ausdruck im Konzept des *speech-body-acts*.

3.2. Integration von Sprache, Körper/Leib und Handlung: Speech-body-act

Um Prozesse der Herstellung von verbindlichen Entscheidungen in Gremien zu verstehen, ist es essenziell, der Vielseitigkeit und Variabilität menschlicher Kommunikationsweisen analytisch Rechnung zu tragen. Der Begriff *speech-body-act*, der im Folgenden als Basiseinheit des Untersuchungsansatzes vorgestellt wird, begreift jedes Auftreten einer Person in einem Gremium als ein integriertes Geschehen aus sprachlichen und leiblichen Äußerungen. Damit wendet er sich gegen ein Handlungs- bzw. Aktverständnis, das die performative Bedeutung des Sprachlichen einseitig betont. Eine im Vorhinein festgelegte Vorrangstellung der Sprache würde, so die Grundannahme, dem Spektrum möglicher Beteiligungsarten in Gremieninteraktionen nicht gerecht, weil auch nonverbale Formen des menschlichen Ausdrucks in der Lage sind, signifikante Aussagen zu artikulieren und somit auch einen Beitrag zur Entscheidungsbildung leisten können.[29] Die Gründe dafür können anhand von drei Argumentationslinien entfaltet werden:

1. Zunächst einmal lässt sich grundsätzlich festhalten, dass jeder Sprechakt *jederzeit in zahlreiche körperliche Akte eingebunden* ist. Sprechen heißt immer auch, einen Äußerungsakt („utterance act") zu vollziehen (Searle 1969: 24), womit sich im Regelfall verbindet, Worten eine Stimme zu geben, sie in einer bestimmten Weise zu akzentuieren, sie (eher) laut oder leise zu sagen, sie in einer bestimmten Geschwindigkeit, einem bestimmten Rhythmus hervorzubringen etc. In der Gremiensitzung als face-to-face-Situation kommt hinzu, dass auch viele nicht unmittelbar am Akt des Sprechens (d.h. an dessen akustischer Dimension) beteiligte Teile des Körpers

---

[29] Diese Konzeption steht somit in einer Tradition mit Forschungsrichtungen, die annehmen, dass der Körper ein „Medium der Kommunikation" ist – wobei es sowohl sprachbegleitende als auch sprachfreie „körperliche Kommunikation" gibt (Knoblauch 2005a: 100) – oder die behaupten, dass man „auch den Körper als Sprachmedium" (Waldenfels 2007: 467) begreifen bzw. „das Sprechen selbst eine körperliche Handlung" nennen kann (Butler 1998: 21).

Theoretische Bezüge 25

(z.B. Blicke, Gesten, eine gebeugte oder aufrechte Sitzhaltung) während der Rede präsent sind und dabei zum Kommunikationsmittel werden können, unabhängig davon, ob dies vom Sprechenden beabsichtigt ist oder nicht.[30]
2. An die potenziell hohe Präsenz des Körperlichen in der Gremieninteraktion knüpft das für Entscheidungsprozesse bedeutsame Faktum an, dass nonverbale Akte die gesprochene Rede auf *eine aktive Weise begleiten*, d.h. kommunikativ nuancieren und ergänzen können (Kühn 2002). Ein gewählter Tonfall, eine bestimmte Geste, Mimiken und Blicke sind fähig, eigene Botschaften in die Rede einzubringen, ihr etwas hinzuzufügen, das den bloßen Worten und ihrer Syntax für sich genommen nicht anhaftet. Zum Beispiel kann derselbe Satz eine völlig andere soziale und darin auch performative Bedeutung erhalten, nur aufgrund der Art, wie er ausgesprochen wird (z.B. kann die Wortfolge „Stimmen Sie mir zu!" (eher) als Befehl, Bitte, Drohung oder Wunsch gehört werden). Des Weiteren können selbst rationale Argumentationen aufschlussreiche körpersprachlich bedingte Wendungen erfahren, z.B. wenn sie mit gerunzelter Stirn und erhobenem Zeigefinger vorgetragen werden; die Sachlichkeit der Rede schlägt in Richtung einer Warnung oder gar Drohung um.[31] Nonverbale Äußerungen können somit Hinweise auf vom Sprechenden erhobene Geltungsansprüche enthalten, die über die sprachlich formulierten hinausgehen und diese möglicherweise auch konterkarieren.[32]
3. Bislang wurde vor allem die enge Verbindung des Körperlichen mit dem Sprechen hervorgehoben. Von ganz besonderer Bedeutung ist im vorliegenden Zusammenhang jedoch auch, dass sich zahlreiche Akte, die eine Signifikanz für das Voranschreiten einer Gremieninteraktion nahe legen, auch *rein nonverbal* kommunizieren lassen, darunter v.a. Akte der Zustimmung, Ablehnung und Bekräftigung von etwas.[33] Ein „bloßes" Kopfschüt-

---

[30] Auch der Bereich unbewusster Einflüsse des Nonverbalen auf Wahrnehmungs- und Verstehensprozesse wird gemeinhin vorausgesetzt. In den Worten Merleau-Pontys: „Die leibliche Vermittlung entzieht sich mir in den allermeisten Fällen: Wenn ich Ereignissen beiwohne, die mich interessieren, so bin ich mir kaum der fortwährenden Zäsuren bewußt, die der Lidschlag dem Schauspiel aufprägt, und sie figurieren nicht in meinem Gedächtnis" (Merleau-Ponty 1976: 218).
[31] Zur Beredsamkeit redebegleitender Gesten vgl. Müller 1998a und 1998b.
[32] Diese Einschätzung des kommunikativen Vermögens der menschlichen Körpersprache beruht auf einer rationalistischen Grundhaltung: Die Leiblichkeit wird nicht als opak und emotional im Gegensatz zur rationalen, transparenten Sprache behandelt. Auch Geltungsansprüche, Argumente etc. können eine körperliche Ausdrucksdimension besitzen.
[33] Neben einem breiten Deckungsbereich verbaler und nonverbaler Akte hinsichtlich ihrer Möglichkeiten, dieselbe Botschaft zu vermitteln, gilt es auch zu bedenken, dass manches gar nicht oder nur näherungsweise sprachlich bzw. körpersprachlich ausdrücken lässt. Im Falle der Körpersprache sind v.a. komplexere Sachverhalte nur in engen Grenzen darstellbar; demgegenüber kann Sprache v.a. im physisch-sozialen Bereich (etwa gewaltförmiger Akte) kaum Äquivalente bieten.

teln oder Kopfnicken, ein hörbares Aufatmen, eine wegwerfende Geste legen den übrigen Sitzungsteilnehmer/innen (sofern sie darauf achten) bestimmte Rezeptionsweisen nahe. Diese können als Meinungsbekundungen, Forderungen, Ausdruck von Gleichgültigkeit oder auch als diffuserer Aspekt einer „allgemeinen Stimmung" im Gremium ihrerseits zu Anknüpfungspunkten für die weitere Gestaltung des Sitzungsverlauf werden. Derartige Einflussmöglichkeiten, von denen der Verlauf eines aktuell vollzogenen Redebeitrags nur selten unberührt bleibt,[34] entgehen einem auf sprachliche Mitteilungen begrenzten Analyserahmen. Dabei scheint gerade die Multilateralität der kommunikativen Beziehungen zwischen Gremienmitgliedern eine verstärkte Beteiligung mittels nonverbaler Akte stark zu fördern. Sitzungen, in denen sich mehr als zwei Personen untereinander abstimmen müssen, können nicht in einem dialogischen Wechselspiel ablaufen. Je größer die Runde und je enger der verfügbare Zeitrahmen sind, desto weniger kann jeder jederzeit zu Wort kommen. Aus diesen strukturellen Beschränkungen resultieren Vorteile für ein verstärkt körperliches Agieren parallel zu und zwischen Sprechakten. Durch unterstützendes Kopfnicken, Klatschen, Daumen hochhalten oder auch Kopfschütteln, Schulterzucken, Stirnrunzeln etc. können andere Beiträge bereits im Für und Wider von Rezipienten/innen erscheinen, ohne dass diese ihrerseits zu Wort kommen müssen.

Aufgrund der skizzierten Vielschichtigkeit, Variabilität und darin auch Unvorhersehbarkeit menschlicher Interaktionsbezüge im Spektrum sprachlicher und nonverbaler Akte lässt sich die theoretisch-analytische Konsequenz ziehen, Akte der Entscheidungsherstellung in einer offenen, nicht auf Sprechakte begrenzten Form zu untersuchen.[35] Mit anderen Worten: Der einer empirischen Gremienanalyse zugrunde gelegte Aktbegriff sollte eine begriffliche Offenheit darüber bestehen lassen, ob und in welcher Weise verbale und/oder nonverbale Äußerungen Impulse im Entscheidungsprozess des untersuchten Gremiums artikulieren.

Der Begriff *speech-body-act* setzt bei dieser Einsicht an. Er integriert Sprache, Körper/Leib und Handlung in einer einzigen begrifflichen Perspektive, ohne dabei eine bestimmte Gewichtung des Sprachlichen oder des Nonverbalen hinsichtlich ihrer Relevanz in einem konkreten Entscheidungsprozess vorweg-

---

[34] So beschrieb Helmut Schmidt die Situation des politischen Redners wie folgt: „Manche Gedanken fliegen ja eigentlich dem Redner zu, während er spricht, und manches bildet sich in Gedanken, indem er in den Gesichtern, die vor ihm sitzen, die Reaktion der Zuhörer sieht; dies ist ganz wesentlich für das, was man sagt" (Gaus 2001: 417).
[35] Zur Nutzung der Sprechaktanalyse für die Analyse politischer Interaktionen vgl. Nullmeier 2003, 2004; Holzinger 2001a, 2001b, 2004. Eine ansatzweise auch nonverbale Äußerungen mit einbeziehende empirische Sprechhandlungsforschung findet sich in Diegritz/Fürst 1999.

zunehmen[36] oder gar auszuschließen, dass auch rein sprachliche Akte (z.B. Textvorlagen, Textprojektionen per Overhead) und rein nonverbale Akte (z.B. Kopfschütteln, wegwerfende Geste) vorkommen. Aus theoretischer Sicht bezeichnet speech-body-act somit vielmehr *die grundsätzliche Anerkennung der Möglichkeit einer sowohl sprachlichen als auch nonverbalen Erhebung, Ergänzung und Präzisierung von Geltungsansprüchen.* Auf diese Weise eröffnet der speech-body-act eine Perspektive auf Interaktionen, in der sich die unvorhersehbare Variabilität menschlicher Äußerungen und Interaktionen abbilden kann und damit auch analytisch zugänglich wird. Seine Konstruktion ist somit in erster Linie phänomenorientiert und deskriptiv. Es wird kein geschlossenes Theoriegebäude damit verbunden, so dass der Begriff vor allem die Funktion der Benennung einer Basiseinheit erfüllt.

Aus der gegebenen Definition folgt für die empirische Gremienanalyse die Grundanforderung, jede Form des sprachlichen und nonverbalen Ausdrucks als speech-body-act und somit als kleinste Sinneinheit der Untersuchung aufzufassen – und damit als ein potenziell relevantes Puzzleteil der Gremieninteraktion. Dabei zeigt sich der Begriff noch völlig unabhängig von einer Beantwortung der Frage nach der Entscheidungsrelevanz von Akten in einem konkreten empirischen Fall. Hierzu müssen speech-body-acts vom Blickpunkt des Entscheidungsprozesses interpretiert bzw. darin in einer näher zu begründenden Funktion eingeordnet werden können. Doch sensibilisiert die speech-body-act-Konzeption in diesem Zusammenhang für die Wichtigkeit eines Interpretationsansatzes, der die Entscheidungsrelevanz eines Akts unabhängig von der Frage prüfen kann, ob er sprachlicher und/oder nonverbaler Herkunft ist. Als wesentliche Frage für eine an den Prozessen der Entscheidungsherstellung in Gremien interessierte Untersuchung kristallisiert sich somit heraus, welche kommunikative Funktion ein Akt in diesem Prozess ausübt und wie solche entscheidungsrelevanten Funktionen begründet werden können.[37] Hierzu wird im Folgenden das P-A-C-Schema vorgestellt, ein dreistufiges Konzept zur Rekonstruktion von Entscheidungsprozessen in Gremien, das von der Unterscheidung sprachlich-körperlich prinzipiell absieht.

---

[36] Einerseits soll die Sprache nicht prinzipiell über den leiblichen Ausdruck gestellt werden; andererseits wird nicht der u.a. von Bourdieu vertretenen Annahme einer prinzipiellen Relativierung bzw. sinnhaft-sozialen Überformung des Sprachlichen durch das Körpersprachliche gefolgt (Bourdieu 2005).
[37] Damit soll freilich nicht ausgeschlossen werden, dass es im Anschluss an die Bestimmung entscheidungsrelevanter Akte und Aktzusammenhänge wiederum sehr wichtig werden kann, zwischen sprachlichen und nonverbalen Ausdrucksmitteln zu unterscheiden.

3.3. Das P-A-C-Schema: Proposal, Acceptance, Confirmation

Eine Gremienanalyse, die Entscheidungsprozesse auf der Interaktionsebene identifizieren und klassifizieren will, muss die Existenz von grundlegenden Elementen im kommunikativen Verlauf einer Beschlussfassung voraussetzen und überprüfen. Es ist zu klären, wie im weiten Spektrum von speech-body-acts diejenigen Äußerungen und Äußerungszusammenhänge erkannt werden können, auf denen das Zustandekommen einer verbindlichen Entscheidung wesentlich beruht. Hierzu ist es erforderlich, sich aus einer theoretischen Perspektive den spezifischen Bedingungen kollektiven Entscheidens zuzuwenden. Die ihr zugrunde gelegte Forschungsfrage lautet: Lassen sich innerhalb des realen Sitzungsgeschehens elementare, über speech-body-acts realisierte Prozessschritte feststellen, die eine Beschlussfassung in Gremien generell kennzeichnen – und dies unabhängig von der empirischen Ausprägung der einzelnen Akte (sprachlich und/oder nonverbal) und unabhängig vom jeweiligen institutionellen Arrangement des Gremiums?

Von den bestehenden Ausgangspositionen der Gremienmitglieder zu einem Tagesordnungspunkt bis zum gemeinsamen Beschluss führt unter Umständen ein kontroversenreicher Weg. Dennoch lassen sich unabhängig von der Zahl der Beteiligten drei elementare, aufeinander bezogene Prozessschritte der Entscheidungsfindung bezeichnen. Anknüpfend an Adolf Reinachs Theorie der gegenseitigen sozialen Akte („Angebot" und „Annahme"; Reinach 1989: 169-172) und diese zugleich weiterentwickelnd, wird davon ausgegangen, dass sich Praktiken der Entscheidungsherstellung als Dreischritt aus Angebotsakten, Annahmeakten und Bestätigungsakten vollziehen. Demzufolge setzt ein Beschluss mehrerer Personen zunächst das Mitteilen eines Vorschlags voraus, dem dann (von dem oder den Adressaten) in einem relevanten Ausmaße zugestimmt werden muss. Zum Beispiel muss im Falle einer Zweierkonstellation auf den Vorschlag von A, x zu unternehmen, zunächst einmal die Zustimmung von B erfolgen, damit überhaupt ein von beiden Parteien geteiltes Verständnis darüber angezeigt ist, dass dasselbe gewollt ist und damit im Prinzip auch gemeinsam unternommen werden kann. Doch an diesem Punkt, und hierin besteht das Besondere des hier entfalteten Ansatzes gegenüber vielen anderen Erklärungsmodellen für Entscheidungsprozesse, ist zwar eine wechselseitige Signalisierung von A und B dahingehend erfolgt, dass man etwas Bestimmtes zusammen tun will und tun könnte, aber noch keine für beide verbindliche Grundlage für das weitere Vorgehen geschaffen.[38] Hierzu bedarf es eines dritten Akttypus der

---

[38] Dass Formen der Verbindlichkeitsherstellung auf einem Dreischritt beruhen, wird auch im Zusammenhang mit der Entwicklung des Vertragsrechts thematisiert. So setzte im 19. Jahrhunderts eine Debatte darüber ein, ob ein Vertrag bereits mit der Annahme des Angebots durch den „Anerbo-

Verkündung, Bestätigung und Bekräftigung, der das Getroffen-Haben einer gemeinsamen Entscheidung selbst zum Gegenstand hat. Dies kann zum Beispiel erfolgen, indem gesagt wird: „Gut, dann machen wir es so!" oder auch ohne Worte, per Handschlag oder durch physische Signalisierungen des Aufbruchs. Wurde zuvor, im Rahmen des Annahmeakts, nur der Einzelwille von B in Form einer Zustimmung kundgetan, artikuliert der bestätigende, bekräftigende Akt etwas im Namen *beider* Interaktionspartner/innen und kann dies nur, sofern aufgrund von Annahmeakten bereits eine Gewissheit darüber besteht, wie die jeweiligen Einzelpositionen zur Sache liegen.[39]

Die drei elementaren Akte bezeichnen im Rahmen einer Gremienanalyse stets Akte einer *multilateralen Interaktion*. Indem durch nonverbales Agieren (aber auch durch gesprochene Einwürfe) jederzeit beliebig viele anwesende Personen an der Interaktion teilnehmen können, entstehen im Vergleich zum Dialog komplexere Möglichkeiten, kommunikative Beziehungen einzugehen. Nicht zuletzt kann dabei auch die relativ übersichtliche zeitliche Ordnung eines dialogischen Hin und Her völlig gesprengt werden. Jeder einzelne Akt bedarf darüber hinaus der Anerkennung durch die anderen Gremienmitglieder und wird – ganz im Sinne der Theorie Reinachs – erst zu dem jeweiligen Akt, wenn er als solcher interaktiv hergestellt wird. Durch diese Grundannahme einer Anerkennungsbedürftigkeit jedes einzelnen Akts durch das Gremium, wird der Anspruch einer multilateralen Perspektive auf das Sitzungsgeschehen weiter verstärkt.

Im Rückgriff auf die Terminologie des ebenfalls dreistufigen konversationsanalytischen Konzepts der „proposal sequence" (Arminen 2005: 169)[40] werden die oben skizzierten drei elementaren Schritte der Herstellung verbindlicher

---

tenen" (Regelsberger 1868: 23-24) zum Abschluss gelange (im Sinne der so genannten Äußerungstheorie) oder erst dann, wenn der Anbietende von der Annahme Kenntnis erhalte (im Sinne der so genannten Vernehmungstheorie). Nach den bis heute in Kommentaren zum allgemeinen Teil des BGB zitierten Ausführungen des Juristen Ferdinand Regelsberger ist der Vernehmungstheorie zuzustimmen. Danach ist ein Vertrag erst dann vollendet, wenn sich jede der beiden Vertragsparteien wechselseitig der Übereinstimmung der anderen bewusst geworden ist (ebd.: 24).

[39] Das bedeutet, selbst wenn A formuliert: „Lass uns etwas gemeinsam unternehmen!" (Angebotsakt) und B antworten würde: „Ja, lass uns das machen." (Annahmeakt) bleibt es hier bei einer gegenseitigen Bekundung von Einzelwillen. An diesem Punkt ist noch nicht zum Ausdruck gekommen, dass man tatsächlich etwas unternehmen wird. Letzteres verlangt in irgendeiner Form die Dimension eines gegenseitigen Versprechens, die weder in Angebots- noch in Annahmeakten enthalten sein kann (unabhängig vom Wortlaut), weil zuerst die Einzelwillen in der zweifachen Bedeutung des Worts „bekannt" werden müssen.

[40] Die von Harvey Sacks begründete und insbesondere von Emanuel A. Schegloff fortgeführte Conversation Analysis (CA) stellt die sequenzielle Analyse von Interaktionen in den Mittelpunkt (Sacks/Schegloff/Jefferson 1974; Schegloff 2007; Ten Have 1999; Deppermann 2001). Bisher wurde politisches Entscheidungshandeln noch nicht als gesondertes Analysefeld der Konversationsanalyse betrachtet. Arminen begründet und untersucht Verhandlungen als eine spezielle Form der Interaktion, geht dabei jedoch von Annahmen aus, die zum Teil in deutlichem Kontrast zum hier entfalteten Verständnis stehen (Arminen 2005: 168-197).

Entscheidungen im Folgenden als *Proposal, Acceptance* und *Confirmation* oder kurz als *P-A-C-Schema* bezeichnet.

Vor dem Hintergrund der dem P-A-C-Schema zugrunde gelegten Annahmen lassen sich nun für den Gremienkontext geeignete Definitionen von Proposal-, Acceptance- und Confirmation-Akten so spezifizieren, dass diese als theoretisch-analytische Grundlage der Identifikation von Akten und Prozessen der Entscheidungsherstellung herangezogen werden können (6. und 7. Kapitel). Mit Hilfe der nachstehenden Definitionen sollen somit speech-body-acts auf entscheidungsrelevante Sinnbezüge überprüft werden können. Damit verbindet sich unweigerlich eine Weitung, aber auch Präzisierung des Aktbegriffs gegenüber der allgemeinen speech-body-act-Konzeption. Denn zum einen, so zeigen die folgenden Ausführungen, können nun durchaus mehrere Aktivitäten einer Person in den Sinnzusammenhang eines Akts fallen; zum anderen sind speech-body-acts erst mit Hilfe solcher zusätzlichen Aktdefinitionen, wie sie im vorliegenden Zusammenhang die Begriffe Proposal, Acceptance und Confirmation bieten sollen, auf systematische Weise voneinander abgrenzbar.

Als *Proposal* werden jene Akte bezeichnet, die sich mit Aufforderungscharakter an das gesamte Gremium richten (im Folgenden kurz: P-Akte). P-Akte im Sinne dieser Definition sind Beschlussvorlagen, Vorschläge, Bitten, Forderungen, Meinungen, Wünsche etc., die vorgebracht werden, um als Grundlage einer kollektiv verbindlichen Entscheidung des Gremiums zu fungieren. Ein P-Akt setzt sich aus vier konstitutiven Elementen zusammen: Er verweist
(1) auf einen Vorschlagenden (sowohl als Sprecher als auch in der *Selbstbezeichnung* des Vorschlagenden auftretend), verlangt
(2) eine *Rahmung*, die den Kommunikationsmodus anzeigt, in dem der Vorschlagende das Gremium zu einer verbindlichen Entscheidung auffordert (Vorschlag, Forderung, Bitte, Meinung, Wunsch etc.), bedarf
(3) einer *Adressierung* an alle Gremienmitglieder und muss
(4) über einen *Vorschlagsinhalt* verfügen. Als Sprechakt formuliert, folgt eine Minimalversion des P-Akts somit der Form:

„Akteur/Sprecher (1) fordert (2) das Gremium (3) auf, x (4) zu beschließen."

Den Status eines vollwertigen P-Akts erlangt ein durch diese vier Elemente gekennzeichneter Akt jedoch erst dadurch, dass er nicht nur vom Vorschlagenden kommuniziert, sondern zudem von den Adressaten innerhalb des Gremiums als Proposal erkannt und *anerkannt* wird. Eine solche Anerkennung lässt sich unter Umständen nur indirekt feststellen, etwa dann, wenn der P-Akt weder in Frage gestellt noch übergangen, sondern auf ihn als Vorschlag reagiert wird. Letzteres kann sich dadurch zeigen, dass während des weiteren Sitzungsverlaufs keine weitere Bezugnahme auf den geäußerten Vorschlag erfolgt.

Theoretische Bezüge 31

Als *Acceptance* werden alle Akte bezeichnet, die Zustimmung, Ablehnung oder sonstige Formen der Stellungnahme (auch Gleichgültigkeit) zum Inhalt eines Proposals signalisieren (im Folgenden kurz: A-Akte).[41] A-Akte setzen dabei bereits voraus, dass der Vorschlagsinhalt in Gestalt eines anerkannten Proposals präsentiert wurde. Sie sind mithin jene respondierenden Elemente der Interaktion, durch die die übrigen Anwesenden auf das sachliche Anliegen, das der/die Vorschlagende in Form des Proposals vorgebracht hat, reagieren.

Im Rahmen einer multilateralen Entscheidungsherstellung kann zwischen *singulären* und *summierenden* A-Akten unterschieden werden. Während jede individuelle Stellungnahme verbaler und nonverbaler Art zu einem in der Diskussion befindlichen Vorschlag als singulärer A-Akt zu werten ist, stellen summierende A-Akte weit stärker ein Kollektivereignis der Verbindlichkeitsherstellung dar. Summierende A-Akte zeichnen sich durch eine relativ zeitgleiche Häufung von Selbstpositionierungen aus. Sie können sowohl als formelle Abstimmung erscheinen als auch eine informelle Abstimmung bedeuten. In besonders prägnanter Form treten sie in jenen Situationen auf, in denen die Sitzungsleitung an alle appelliert, die eigene Position „zu zeigen". Die größtmögliche gremienumfassende Transparenz wird dabei durch eine formelle Abstimmung erreicht. Im Moment der Abstimmung steht jedem interessierten Mitglied das Festlegen auf einen spezifischen gemeinsamen Beschluss als Gedanke bzw. als Ergebnis einer einfachen Rechnung ‚vor Augen'.

Summierende A-Akte können aber auch in anderer Form auftreten. Ihre Funktion ist vor allem in den Fällen genauer zu analysieren, in denen gemeinsames Entscheiden gelingt, ohne dass formell abgestimmt wurde. Die Bedeutung der summierenden A-Akte liegt in diesen Fällen darin, dass sich in ihnen ein mehr oder minder umfassendes Bild der aktuellen Positionen aller Teilnehmer/innen herstellt, das wiederum von allen Beteiligten als Anzeichen für aussichtsreiche oder weniger aussichtsreiche Fortführungen der Diskussion genutzt werden kann. So lässt sich beispielsweise beobachten, dass – oft spontan wirkende – Häufungen (ähnlicher) Akte, wie z.B. allgemeines Kopfschütteln, Gelächter, (Mit-)Schreiben oder Chöre (mehrheitliches Ja-Sagen oder Nein-Sagen, Wortwiederholungen etc.), eine Überblicks- und Sondierungsfunktion in der Gremieninteraktion erfüllen. Gerade nonverbale A-Akte können den Entscheidungsprozess über ihre Signalisierungswirkung in eine bestimmte Richtung leiten. Summierende A-Akte erzeugen also durch die zeitgleiche Selbstfestlegung vieler Gremienmitglieder und die wechselseitige Beobachtung dieser Selbstfestlegungen eine Bindungswirkung für die Anschlusshandlungen in der

---

[41] Die Unterteilung von A-Akten in positive, negative und neutrale Stellungnahmen zum Proposal ist im Gremienkontext sinnvoll, weil gerade auch Akte der Nicht-Akzeptanz wichtige Stufen auf dem Weg zum gemeinsamen Beschluss markieren.

Gremieninteraktion. Für eine systematische Analyse ist es mithin von zentraler Bedeutung, entscheidungsrelevante Akte gerade auch dann klassifizieren zu können, wenn nicht abgestimmt wird. Wie aber wird aus der Abfolge von Vorschlägen und Zustimmungen beziehungsweise Ablehnungen selbst bei Überwiegen einer Reaktionsweise und gerade auch dann, wenn nicht abgestimmt wird, ein gemeinsamer Beschluss?

Ohne soziale Akte der Bestätigung und Bekräftigung, die einen Vorschlag als kollektiv verbindlich auszeichnen, liegen nur Meinungsäußerungen zu Vorschlägen vor, aber keine Festlegung des Gremiums auf etwas als Beschluss. Als *Confirmation-Akte* werden daher alle verbalen und nonverbalen Akte einer Gremieninteraktion bezeichnet, die einer durch A-Akte signalisierten Entscheidung des Gremiums bekräftigend Ausdruck verleihen (im Folgenden kurz: C-Akte). C-Akte stellen somit Reaktionen auf A-Akte dar, zielen jedoch auf eine andere Sinnebene. Sie sind Äußerungen *im Namen* des Gremiums – auch wenn sie von einer einzelnen Person geäußert werden. Auf sprachlicher Ebene wären folgende Sätze (meist von der Sitzungsleitung ausgesprochen) beispielhaft: „Hiermit ist die Beschlussvorlage mit großer Mehrheit angenommen!" oder auch nur: „Gut, das hätten wir!" oder: „Okay. (Der nächste Tagesordnungspunkt war …)". C-Akte sind Akte, die von der Anerkennung durch das Gremium als Ganzem abhängen beziehungsweise durch das Gremium in ihrer Geltung in Frage gestellt werden können.

Weil Gremieninteraktionen multilateral verlaufen, fallen eine Vielzahl von Akten in die P, A bzw. C-Kategorie. Auch wenn P, A- und C-Akte nicht in zeitlich klar getrennten Phasen auftreten müssen, ist es sinnvoll, alle Akte eines Tagesordnungspunkts, die in den Sinnzusammenhang eines P, A oder C fallen als P-*Schritt*, A-*Schritt* bzw. C-*Schritt* zu bezeichnen, um eine gewisse übergeordnete Perspektive auf das Geschehen zu gewinnen. Dies kann helfen, um später Häufungen bestimmter (ähnlicher) Akte oder auch typische Interaktionsmuster zu erkennen. Damit ist bereits angedeutet, dass das P-A-C-Schema auch ein Ausgangspunkt ist, um weitere analytische Ziele im Rahmen der Gremienanalyse zu verfolgen.

4. Die audiovisuelle Datenerhebung

Die Untersuchung von face-to-face-Interaktionen in Gremien hat es mit höchst flüchtigen und komplexen Vorgängen zu tun. Sie beginnt daher mit der audiovisuellen Fixierung des kommunikativen Sitzungsgeschehens, eine grundlegende Aufgabe, mit der bereits analytisch relevante Weichenstellungen verbunden sind, da sich die gewählten Erhebungsinstrumente[42] und -methoden auf den Umfang und Detailreichtum der später verfügbaren Daten auswirken. Ziel dieses ersten Verfahrensschritts sollte eine möglichst interpretationsoffene, nicht durch Vorannahmen geprägte Datenbasis sein. Daher behandelt dieses Kapitel schwerpunktmäßig,

- weshalb Ton- und Videoaufzeichnungen des Sitzungsverlaufs unverzichtbar sind (4.1.),
- was bei der Erhebung speziell von Videodaten zu beachten ist (4.2.),
- wie sich ein auch für größere Gremien geeignetes Aufnahmekonzept erstellen lässt (4.3.),
- worauf beim Feldzugang und der Sitzungsaufnahme vor Ort geachtet werden sollte (4.4.).

4.1. Wozu eine umfassende Ton- und Videoaufzeichnung des Sitzungsgeschehens?

Zu Beginn der Datenerhebung stellt sich die Frage, welche Aspekte des Sitzungsverlaufs für die Forschungsfrage relevant sind und entsprechend festgehalten werden sollen. Während Tonaufnahmen neben der wortsprachlichen Hauptkommunikation auch zum Beispiel „Einflüsterungen", also in flüsterndem Ton geäußerte Versuche der Einflussnahme auf andere Sitzungsteilnehmer, sowie andere kommunikative Geräusche (z.B. Räuspern) aufs genaueste erfassen, können Videoaufzeichnungen, und nur diese, die körpersprachlichen Anteile von Verständigungsprozessen – Mimiken, Gesten, Blicke, Körperhaltungen, aber auch den kommunikativen Einsatz von Gegenständen – im Fluss ihres

---

[42] Zur ausführlichen Diskussion über den „Technikeinsatz im qualitativen Forschungsprozess" siehe Gibbs u.a. 2002, Lomax/Casey 1998 und Irion 2002.

Auftretens konservieren.[43] Da nonverbale Signalisierungen, aber auch verbale Akte (z.B. kurze Zwischenrufe) jedem Gremiumsmitglied jederzeit signifikante Beteiligungsmöglichkeiten eröffnen (siehe 3.2. und 3.3.), sollte die Datenaufnahme stets alle Gremienmitglieder einbeziehen und den Sitzungsverlauf ununterbrochen dokumentieren. Selbst bei stark strukturierten Gremiensitzungen und einer vorab festgelegten Tagesordnung ist niemals mit Sicherheit vorhersehbar, zu welchem Zeitpunkt und in welcher Form forschungsrelevante Ereignisse stattfinden. Von einer Beschränkung auf vermeintliche Schlüsselpersonen oder -szenen sollte daher abgesehen werden, zumal nur so die Chance gewahrt wird, zu Einsichten jenseits der eigenen Vorannahmen zu gelangen.

Während die Alltagswahrnehmung eine Mehrpersonen-Interaktion lediglich stark selektiv erfassen kann, ermöglichen Ton- und Videoaufzeichnungen eine detaillierte Gesamtschau auf das Sitzungsgeschehen, denn durch sie können alle Ereignisse flexibel und beliebig oft gesichtet werden.[44] Auf diese Weise führt die audiovisuelle Datenerhebung zu einer objektiveren Datenbasis als z.B. Feld- und Gedächtnisprotokolle oder Interviews (Flick 2007: 318; Deppermann 2001: 21-22), selbst wenn diese einer „strukturierten" Beobachtungstechnik (Diekmann 1996: 474-480) folgen. Hinzu kommt der methodologische Vorzug, dass die Herkunft aller analytisch weiterverarbeiteten Daten stets durch Dritte überprüfbar bleibt.[45]

4.2. Zur Datenerzeugung mit der Videokamera

Die Erhebung von Videodaten birgt neben den genannten Vorzügen auch ernstzunehmende Schwierigkeiten, weil Video-Camcorder ihre Objekte und deren Kontexte nicht völlig neutral abbilden. Wie auch das menschliche Auge bleibt die Videotechnik letztlich an eine bestimmte Perspektive, Sichtweite und einen begrenzten Erfassungswinkel gebunden (Flick 2007: 314).[46] Ihr Einsatz als

---

[43] Zu den Vorzügen und aktuellen Entwicklungen der videogestützten Datenerhebung siehe Knoblauch u.a. 2006. Zur Verwendung von Videoaufnahmen bei der Erforschung nonverbalen Verhaltens allgemein siehe Frank u.a. 2005, von face-to-face-Interaktionen siehe Heath/Hindmarsh 2002 und Heath 2004. Anwendungsorientierte Beispiele aus verschiedenen Forschungsfeldern geben Koch/Zumbach 2002, Schmitt 2001 und Diegritz/Fürst 1999.
[44] Eine Gegenüberstellung von Videoaufnahme und Wahrnehmungen mit „bloßem Auge" findet sich bei Knoblauch u.a. 2006: 10.
[45] Gütekriterien qualitativer Forschung, darunter das der intersubjektiven Nachvollziehbarkeit, diskutiert und entwickelt Steinke 2003.
[46] Auch aus diesen Gründen betont Knoblauch, dass Videodaten eine eigene Datenart darstellen (Knoblauch 2004; Knoblauch u.a. 2006: 9). Je nach Aufnahmezusammenhang würden ganz verschiedene sozialwissenschaftlich interessante Sorten bzw. „methodological dimensions" von Video-

qualitatives Datenerhebungsinstrument muss daher methodologische Überlegungen einschließen (Knoblauch u.a. 2006; Banks 2007; Heath 2004). Vor dem Hintergrund des spezifischen Untersuchungsgegenstands und -interesses sollte eine geeignete systematisierte Form der Datenerzeugung gefunden werden.

Gremien sind ein eher sperriger Gegenstand wissenschaftlicher Videoaufzeichnungen. Eine hohe Teilnehmerzahl und perspektivisch komplizierte Sitzordnungen (z.B. kreis- oder u-förmige) führen den einzelnen Camcorder schnell an seine Abbildungsgrenzen. Kameraschwenks und -positionswechsel können diese nicht erweitern, sondern verursachen unwiederbringliche Informationsverluste an anderer Stelle und mehr oder minder willkürliche Betonungen einzelner Personen und Szenen – von narrativen Zusätzen durch Kamerabewegungen oder „Cuts" einmal ganz abgesehen.[47] Muss somit zwischen einem zu engen Aufnahmewinkel mit guter Bildqualität und einem Weitwinkel mit schlechter Detailinformation gewählt werden?[48] Mit Blick auf Gremien, die üblicherweise sitzend tagen und eine einmal eingenommene Sitzordnung während der Veranstaltung beibehalten, gibt es noch eine dritte Möglichkeit: die Verwendung mehrerer Camcorder, durch die sich das Untersuchungsfeld in kleinere, perspektivisch gut proportionierbare Einheiten aufteilen lässt. Daraus ergibt sich eine enge Verbindung zwischen der Videotechnik und einem der jeweiligen Sitzungssituation angepassten Aufnahmekonzept.

4.3. Eckpunkte eines statisch-symmetrischen Aufnahmekonzepts

Das Aufnahmekonzept liefert einen zentralen Baustein zur audiovisuellen Datenerhebung in Gremien. Es legt die Anzahl der benötigten Ton- und Videogeräte fest und stimmt ihre räumlich-perspektivische Anordnung mit der jeweiligen Sitzungssituation (Gruppengröße, Sitzanordnung, verfügbarer Abstand zu den Raumwänden, Lage der Türen etc.) ab. Auf diese Weise soll das Aufnahmekonzept dazu beitragen, möglichst umfassende, detaillierte und interpretationsneutrale Audio- und Videodaten zu gewinnen.

Der Entwicklung von Aufnahmekonzepten lassen sich zwei Kriterien zugrunde legen, die unabhängig von der Größe des aufzuzeichnenden Gremiums von Bedeutung sind: Zum einen sollten alle Personen möglichst frontal und

---

daten erzeugt, deren Spektrum von „natural situations" bis zum „wedding video" reiche (Knoblauch u.a. 2006: 13).
[47] Eine flexibel handgeführte Kamera verwendet z.B. Reinhold Schmitt (Schmitt 2001). Durch Zooms und Schwenks wird das Geschehen handlungsabhängig fixiert (z.B. durch das Richten der Kamera auf den gerade Sprechenden), damit aber auch auf eine Gesamtperspektive verzichtet.
[48] Flick zufolge sollte anhand der Untersuchungsfrage entschieden werden, welche Alternative günstiger ist (Flick 2007: 317).

ähnlich detailliert (d.h. aus ähnlichem Blickwinkel und Abstand) erfasst werden, damit der späteren Analyse ein vergleichbarer Merkmalskanon pro Gremiumsmitglied zur Verfügung steht.[49] Zum anderen gilt es, Aufnahmeverzerrungen und Sitzungsstörungen durch Gerätebewegungen zu vermeiden, weshalb ein statischer Einsatz der Aufnahmegeräte zu bevorzugen ist.[50] Handelt es sich um sehr kleine Gremien, dürften je nach Sitzordnung ein bis zwei Camcorder völlig ausreichen, um eine analysetaugliche Aufnahme des Sitzungsgeschehens zu erstellen. Um große Gremien von etwa 20 bis zu 30 Personen audiovisuell zu erfassen, bedarf es jedoch eines erhöhten Technik- und Planungsaufwands, insbesondere dann, wenn sie in einer geschlossenen oder u-förmigen Sitzordnung tagen. In solchen Fällen empfiehlt es sich, vier kleine Video-Camcorder[51] sowie ein Diktiergerät, das durch ein Konferenzmikrofon verstärkt wird, einzusetzen. Die Aufnahmegeräte sollten so verteilt werden, dass sie jeweils eine möglichst gleiche Anzahl von Personen erfassen. Abbildung 1 demonstriert am Beispiel eines 20-köpfigen Gremiums in geschlossener Sitzordnung, wie ein symmetrieorientierter und statischer Aufnahmeaufbau umgesetzt werden kann:

---

[49] Z.B. kann analytisch relevant sein, ob ein Stirnrunzeln bei einigen Personen wegen einer technisch benachteiligenden Repräsentation nicht mehr dokumentiert ist. Das hier vorgestellte Aufnahmekonzept soll demgegenüber einen ausgeglichenen Datentransport fördern.
[50] Ein statisches Aufnahmekonzept zur Dokumentation von Gruppeninteraktionen findet sich bereits bei Kendon (Kendon 1970). Eine bewegte und eine statische Videokamera kombinieren Diegritz/Fürst (Diegritz/Fürst 1999). Zur Diskussion verschiedener Aufnahmekonzepte siehe auch bei Feld/Williams 1975: 25-32 und Grimshaw 1989: 71-74.
[51] Gewöhnliche Camcorder haben sich für die hier behandelten Zwecke als ausreichend erwiesen. Geräte mit integrierter Festplatte als Speichermedium sind aufgrund längerer Aufnahmezeiten jenen mit dem Speichermedium Kassette vorzuziehen, um Störungen durch Kassettenwechsel zu vermeiden.

Die audiovisuelle Datenerhebung

Abbildung 1: Aufnahmebeispiel geschlossene Sitzordnung

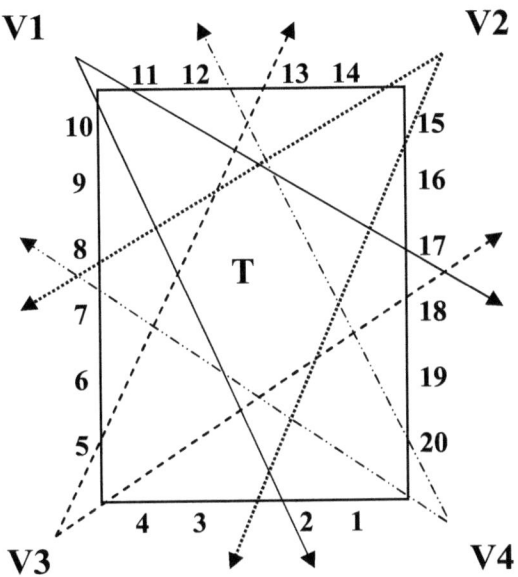

V1-4 = Video-Camcorder auf Stativen, T = Diktiergerät (mikrofonverstärkt), 1-20 = Sitzungsteilnehmer/innen

Wie die obige Abbildung zeigt, erfassen die vier Camcorder (V1-V4) die Sitzungsteilnehmer/innen (1-20) zu gleichen Teilen. Die vier Camcorder haben eine feststehende Position in den Raumecken und sind zusätzlich durch Stative erhöht, damit sich die Personen nicht gegenseitig verdecken. Ihre Bildeinstellung, symbolisiert durch je zwei Pfeile, erfasst die Personen aus ähnlichem Winkel, sodass die Videoaufnahmen ein vergleichbares Spektrum an visuellen Informationen transportieren. Das Diktiergerät (T) ist an zentraler Stelle positioniert, damit auch Einflüsterungen und kommunikative Geräusche von allen Personen gleichermaßen gut registriert werden.[52]

---

[52] Das statisch-symmetrische Aufnahmeprinzip lässt sich – in gewissen Grenzen – auch auf Plenarsäle übertragen. Eine Videokamera würde aus dem Rücken des Plenums das Podium abbilden, die drei weiteren Camcorder würden aus der Podiumsperspektive das übrige Plenum in drei strahlenförmig verlaufende Abschnitte aufteilen.

Bei der Positionswahl der Geräte muss unter Umständen zwischen der besten Hör- bzw. Sichtperspektive und dem geringsten Störungspotenzial abgewogen werden. Mit Blick auf die Videoaufnahmen erleichtert die Zoomfunktion die Entscheidung für eine dezente Camcorder-Aufstellung in Raumecken, Fensternischen oder Tischenden. Darüber hinaus dürften die wachsende Präsenz und Alltäglichkeit der Videotechnik (Flick 2007: 314-315; Knoblauch u.a. 2006: 9) und das immer kompaktere Gerätevolumen die Nachteile einer „offenen Beobachtung" (Flick 2007: 318) abschwächen.

4.4. Feldzugang und Aufnahmedurchführung

Konnten Aufnahmetermine vereinbart werden, wird im Rahmen einer Raumbesichtigung das Aufnahmekonzept erstellt. Dabei sollten auch die Lichtverhältnisse zur Sitzungszeit bedacht werden. Zudem ist es ratsam, sich die Tagesordnung der Sitzung vorher anzusehen – einerseits, um die benötigten Speicherkapazitäten der technischen Geräte an die erwartbare Sitzungslänge anzupassen, andererseits, um auf mögliche besondere Ereignisse während der Sitzung vorbereitet zu sein, beispielsweise auf Veränderungen der Sitzordnung aufgrund einer Powerpoint-Präsentation externer Referenten.[53] Das Erstellen eines Sitzplans am Sitzungsbeginn erleichtert die spätere Zuordnung der Personen.

Werden mehrere Gremiensitzungen untersucht, empfiehlt sich eine Checkliste, auf der alle benötigten Instrumente, Datenträger, Kabel und Ersatzteile aufgeführt sind, aber auch Stichpunkte zum geplanten Aufzeichnungsablauf: Welche/r Beobachter/in wird wo sitzen und welche Geräte bedienen? Wann sollen die Aufnahmegeräte in Betrieb genommen werden? Bei letzterem ist ein Vermerk der genauen Uhrzeit wichtig, damit die aufgeteilten Camcorderperspektiven im Nachhinein synchronisiert werden können. Nicht zuletzt muss die Rolle der anwesenden Beobachter/innen bestimmt werden. Während Eingriffe in das Geschehen vermieden werden sollten, bietet die Protokollierung von Gesprächseindrücken (mit Zeitangabe) eine hilfreiche Erstorientierung im Rahmen der nun näher zu behandelnden Datentranskription.

---

[53] Da Powerpoint-Präsentationen eine besondere Form der Mitteilung von Wissen darstellen (Knoblauch/Schnettler 2007), kann es analytisch wertvoll sein, sie in Gänze (einschließlich der Bildprojektionen) zu erheben.

5. Die Datentranskription

Wie das vorangegangene Kapitel zeigte, machen Ton- und Videoaufnahmen das kommunikative Sitzungsgeschehen in seiner ursprünglichen Informationsdichte und im Fluss seiner Entwicklung flexibel wiederholbar zugänglich. Es zu transkribieren bedeutet nun, alles relevant erscheinende Hör- und Sichtbare in eine schriftliche Dokumentationsform zu übertragen, somit die akustisch- bzw. visuell-dynamischen Akte in unbewegte Zeichen zu bannen und dabei begrifflich zu differenzieren. Worte, die Art ihrer Aussprache, Körperbewegungen und Blicke, aber auch Redepausen, allgemeine Stille und vieles mehr können je nach Untersuchungsinteresse zum Gegenstand von Transkripten werden.
Mit Blick auf die Beobachtung und Analyse von Entscheidungsprozessen in Gremiensitzungen werden in diesem Kapitel folgende Punkte behandelt:
- grundlegende Funktionen von Transkripten (5.1.),
- bestehende Transkriptionssysteme, die dem Fokus einer Gremienuntersuchung in besonderem Maße entgegenkommen (5.2.) sowie
- der Aufbau eines Partiturtranskripts, das sich für eine umfassende Beschreibung von Interaktionen in Gremien jeder Größenordnung eignet (5.3.).

5.1. Zur gremienanalytischen Bedeutung von Transkripten

Die Untersuchung von Entscheidungsprozessen in Gremien ist stets mit einer sehr hohen Informationsdichte konfrontiert, unabhängig davon, wie turbulent sich die observierte Sitzung gestaltet und wie viele Teilnehmer/innen sich durch Wortbeiträge oder prägnante Körperbewegungen einbringen. Denn auch weniger auffällige Aktivitäten wie Blicke oder ein bestimmter Gesichtsausdruck müssen daraufhin geprüft werden, ob sie einen Beitrag zur Herstellung einer gemeinsamen Entscheidung leisten. Auch diese können den Kommunikationsfortgang mitgestaltende Funktionen ausüben – z.B. den Tonfall und den inhaltlichen Aufbau einer Rede beeinflussen, indem beispielsweise Anerkennung oder Ablehnung signalisiert wird (Dittmar 2004: 34).
Diesen Detailreichtum des Interaktionsprozesses in Gremien bringt erst das Transkript in eine analytisch handhabbare Form, indem es die Beobachtungen

schriftlich festhält und in einer übersichtlichen Darstellung beliebig kleinteilig entzerrt. Worte, Intonationsweisen, körpersprachliche Akte etc. vermitteln sich im Einzelnen aber auch in ihren Zusammenhängen um ein Vielfaches nachdrücklicher und detaillierter, wenn sie „in dauerhaft erstarrter Gestalt" vor Augen stehen und sich nunmehr in aller Ruhe betrachten und überdenken lassen (Dittmar 2004: 14). Allerdings impliziert die hiermit verbundene Aufgabe, Beobachtungen voneinander abzugrenzen, zu bezeichnen und schematisch darzustellen, immer auch, dass der Transkriptionsvorgang ein Stück weit interpretativ ist, selbst wenn er auf ganz formelle Eigenschaften und Einteilungen von Kommunikationsakten abzielt (Ehlich/Rehbein 1981: 302). Um diesen Effekt nicht stärker als erwünscht zu befördern, sollte ein Transkript

- alle Gremienmitglieder einzeln berücksichtigen können,
- ausreichend Raum für detaillierte Angaben zu verbalen und nonverbalen Akten geben,
- die zeitlichen Relationen zwischen Kommunikationsakten korrekt wiedergeben,
- eine möglichst neutrale Notationssprache und Darstellungsstruktur verwenden.

5.2. Transkriptionssysteme und ihre Nutzbarkeit für die Gremienanalyse

In den Sozial- und Sprachwissenschaften stehen mittlerweile vielfältige Transkriptionssysteme zur Verfügung.[54] Doch nur wenige davon eignen sich zur Beschreibung von Interaktionen zwischen mehr als drei Personen (Scherer/Ekman 2005), weil sie sich über die Sprecherwechsel strukturieren; und nur selten behandeln sie nonverbale Akte ähnlich detailliert wie die verbalsprachliche Kommunikation.[55] Im Folgenden werden daher zwei Transkriptionssysteme mit unterschiedlichen Vorzügen vorgestellt, um diese dann später (5.3.) im Fokus der Gremienanalyse miteinander zu verbinden: zum einen das Gesprächs-

---

[54] Eine Einführung in die zahlreichen sozial- und sprachwissenschaftlich genutzten Transkriptionssysteme und ihren Entstehungshintergrund gibt Norbert Dittmar (Dittmar 2004). Die aktuelle Entwicklung wird bestimmt von Transkriptionssystemen, die im Rahmen multimodaler Analyseansätze entwickelt wurden (vgl. beispielsweise Norris 2004 und O'Halloran 2006). Diese Ansätze beruhen auf der Einsicht, dass menschliche Interaktion aufgrund ihrer „faktischen Komplexität von gleichzeitig auf unterschiedlichen Ausdrucksebenen realisierten und miteinander koordinierten Verhaltensweisen nur ungenügend als verbaler Austausch analysiert und konzeptualisiert werden kann" (Schmitt 2007: 7) und bezieht daher verschiedenartige Kommunikationskanäle, unter anderem auch computerbasierte, schriftliche oder bildlich vermittelte Kommunikation, in die Analyse mit ein.
[55] Aus o.g. genannten Gründen ist z.B. das ansonsten sehr umfassende Transkriptionssystem von Norris zur Beschreibung für die Gremienanalyse wenig geeignet (Norris 2004: 58-78).

analytische Transkriptionssystem GAT, das sich zur detaillierten Transkription verbaler Daten besonders gut eignet; zum anderen die Halb-Interpretative Arbeitstranskription HIAT 2, die ein feingliedriges System zur Notation nonverbaler Daten bereitstellt und einer gerade für die Abbildung größerer Gruppen höchst vorteilhaften Partiturschreibweise folgt.

Eine phonetisch und zeitlich genaue Transkription von Gesprochenem ist für das Verständnis von Sitzungsverläufen hochbedeutsam, weil Tonfall, Lautstärkeneinsatz und Tempo der Rede die kommunikative Bedeutung eines Akts in starkem Maße prägen können, zum Beispiel den Unterschied zwischen einem bittend und einem drohend erscheinenden Proposal, selbst wenn Wortwahl und -fügung identisch sind. Das unter anderem von den Linguisten Margret Selting und Peter Auer entwickelte „Gesprächsanalytische Transkriptionssystem" (GAT), bietet einen stark ausdifferenzierten Rahmen zur Herausschälung empirischer Feinheiten des mündlichen Sprachgebrauchs (Selting u.a. 1998).[56] Zugleich zielt GAT auf einheitliche und eingängige Transkriptionskonventionen ab, um der seit den 1960er Jahren zunehmenden Ausdifferenzierung konversationsanalytischer Transkriptionssysteme entgegenzuwirken, die den wissenschaftlichen Austausch erheblich erschwert hat.

Mit GAT lassen sich u.a. Simultansprecher hervorheben (durch „[ ]"), Redepausen beliebig genau angeben (z.B. durch „(.)" für Mikropause), Dehnungen von Buchstaben bezeichnen (z.B. durch „:::" für besonders lange Dehnungen) sowie Tonhöhen- und Lautstärkeentwicklungen hervorheben (z.B. durch „<<t> " für einen Wechsel in ein tiefes Tonhöhenregister oder „<<p> " für besonders leises Sprechen).[57] Überdies berücksichtigt GAT zahlreiche nonverbale Kommunikationselemente, die zwar nicht unmittelbar den Wortvortrag modellieren, aber dennoch in enger Verbindung zum Sprechakt stehen und sich akustisch vermitteln, u.a. Husten, Seufzen, Aus- und Einatmen (Ehlich/Rehbein 1981: 303).[58] Die in Abbildung 2 angeführte Sequenz soll den analytischen Ertrag von GAT verdeutlichen. Das Beispiel weist nach, dass bei insgesamt starker Lautstärke (f steht für forte) das Wort „dem" und die Silbe „le" im Wort

---

[56] Die Grundsteine zur Transkription verbaler Interaktionen wurden im Rahmen der so genannten formalen Konversationsanalyse gelegt (Dittmar 2004: 99). Ihr Ziel besteht in einer möglichst genauen schriftlichen Wiedergabe der Dynamik einzelner Redebeiträge sowie der Relation zwischen Beiträgen verschiedener Sprecher/innen (z.B. unmittelbar aneinander anschließende oder verzögerte Sprecherwechsel, simultanes Sprechen). Das herkömmliche Schriftsystem konnte hierzu nicht hinreichen (Selting u.a. 1998: 91). Dennoch war die Konversationsanalyse stets um einfache, leserfreundliche Verschriftungskonventionen bemüht, ein Anspruch, der sich bis heute erhalten hat (Dittmar 2004: 100-101; Selting u.a. 1998: 92).
[57] Sämtliche GAT-Konventionen werden aufgelistet und erklärt in Selting u.a. 1998.
[58] Bei all dem kann zwischen GAT-Konventionen für ein weniger detailliertes Basistranskript und solchen für ein hochspezifisches Feintranskript gewählt werden (Selting u.a. 1998: 96-102 bzw. 102-106).

„vorzulegen" sehr stark akzentuiert wurden, am Ende des Worts „vorzulegen" die Tonhöhe mittelstark abfiel (;), dann eine kurze Pause ((-)) erfolgte, worauf sich das Wort „fertig" mit starker Betonung der ersten Silbe und mit starkem Abfall der Tonhöhe am Wortende (.) anschloss.

Abbildung 2: Beispiel für eine mit GAT bearbeitete Redesequenz

| GAT | <<f>DEM Vorstand vorzuLEgen; (-) FERtig.> |

Gegenüber den sehr präzisen Konventionen für verbale Akte (als Summe wortsprachlicher und daran angegliederter akustischer nonverbaler Akte) sieht GAT keine vergleichbaren Notate für rein körpersprachliche Akte wie Gesten und Mimiken vor (Selting u.a. 1998: 109-112), was mit einem zu großen Arbeitsaufwand und Vermittlungsschwierigkeiten gegenüber außenstehenden Lesern begründet wird (ebd.: 109). Eine Untersuchung von Gremienentscheidungen kann hierauf jedoch keine Rücksicht nehmen, weil körpersprachliche Akte, für sich stehend oder im direkten Verbund mit verbalen Akten, signifikante Einflussmöglichkeiten realisieren können.[59] Es muss daher möglich sein, nonverbale Akte ähnlich formal und zeitlich exakt wie Redebeiträge zu transkribieren. Für die Gremienforschung empfiehlt es sich deshalb, GAT in ein umfassenderes Transkriptionssystem zu integrieren.

Im Rahmen diskursanalytischer Studien entwickelten Konrad Ehlich und Jochen Rehbein ein halb-interpretatives Arbeitstranskript zur Verschriftlichung und schematischen Darstellung nonverbaler Kommunikationsakte, kurz: HIAT, das heute in der erweiterten Version HIAT 2 vorliegt.[60] Unter „nonverbale Akte" fassen die Autoren sämtliche Kommunikationsakte, die sich visuell vermitteln (Ehlich/Rehbein 1981: 303), also z.B. ein Kopfschütteln oder eine Meldung per Handzeichen.[61] Es sei ihr Wesenszug, „die visuellen Möglichkeiten für kommunikative Zwecke" zu nutzen im Unterschied zur verbalen Kommunikation, die auf die „akustische Dimension der sinnlichen Wahrnehmbarkeit bezogen" sei (ebd.). Dabei wird die für Entscheidungsprozesse in Gremien zentrale Annahme zugrunde gelegt, dass nonverbale Akte nicht nur als Element des Gesamtgeschehens einer face-to-face-Interaktion interessant sind, sondern ihre

---

[59] Zur Bedeutung nonverbaler Akte in sozialen Interaktionen siehe Guerrero u.a. 1999, Kendon 2004, Müller 1998a, 1998b und bereits Scheflen 1976, aber auch Arbeiten zu multimodaler Interaktion, z.B. Norris 2004 und Norris/Jones 2005. Einen besonders interessanten Fall bildet die nonverbale Kommunikation von Zuhörern (Gardner 2001; Burgoon/Saine 1978; Knapp 1978).
[60] Eine ausführliche Darstellung von HIAT 2 findet sich in Ehlich/Rehbein 1981; zum Ausgangsmodell HIAT siehe Ehlich/Rehbein 1976.
[61] Zu dem Umstand, dass sich die Art der Verschriftlichungsform ihrerseits auf die Definition dessen auswirkt, was als nonverbal gilt und was nicht, siehe Ehlich/Rehbein 1981: 305.

Bedeutung zudem systematisch aus diesem Gesamtzusammenhang beziehen, insbesondere aus Sprechsituationen und auch dann, wenn sie nicht parallel zu verbalen Akten auftreten (ebd.: 303-305).

Die Notate von HIAT 2 beziehen sich auf kommunikativ einsetzbare Körperpartien, unterteilt in die drei großen Bereiche Kopf (z.B. Kopf (KO), Gesicht (GE), Stirn (ST)), Extremitäten (z.B. Arme (AR), Hände (HÄ), Zeigefinger (ZF)) und Körper (Körper (KÖ), Schulter(n) (SC)). Ein tief gestelltes r oder l geben gegebenenfalls über die Seite des eingesetzten Körperteils Auskunft (z.B. AR_r für rechter Arm).[62] Des Weiteren sieht HIAT 2 Raum für Angaben zum jeweils genutzten Bewegungspotenzial der Körperteile vor. Im Transkript werden diese ausformuliert, z.B. so: „bewegt AR [Arme] winkend" (ebd.: 318).[63] Schließlich gibt es Schriftzeichen zur Angabe der Aktdauer (o--y--o) bzw. für die Ausweisung punktueller Ereignisse (%).[64]

Um eine übersichtliche Darstellung verbaler und nonverbaler Akte zu erreichen, verwendet HIAT 2 eine so genannte Partiturschreibweise (Ehlich/Rehbein 1976, 1982; Ehlich 1993). Wie in orchestralen Musikpartituren die Instrumente werden in Transkriptpartituren die Akteure untereinander, im selben Zeitrhythmus relationiert und mehrdimensional, d.h. in ihren verbalen wie nonverbalen Äußerungen notiert. Auf diese Weise können die Komplexität und Gleichzeitigkeit von Ereignissen unabhängig von der Personenzahl übersichtlich, detailliert und zeitlich genau abgebildet werden. Wie das unten abgebildete Beispiel zeigt, gibt die erste Zeile den gesprochenen Text wieder (VK), danach folgen beliebig viele Zeilen zur Abtragung nonverbaler Akte (NVK). Bei komplexen nonverbalen Handlungen bekommt jede beteiligte Körperpartie eine eigene Zeile (ebd.: 320). Schließlich kann eine Zeile für objektbezogene nichtsprachliche Handlungen (z.B. Bleistiftspitzen) eingefügt werden. Die entsprechenden Zeilen werden jeweils nur dann angelegt, wenn es auffällige Aktivitäten zu verzeichnen gibt (ebd.: 316).

---

[62] Da nonverbale Akte meist aus verschiedenen Einzelbewegungen verschiedener Körperpartien hervorgehen, werden diese in verbaler Sprache transkribiert statt in Bildsymbolen, da Begriffe problemlos auf unterschiedliche Dimensionen beziehbar sind (Ehlich/Rehbein 1981: 313).
[63] Wie schon das GAT-Transkriptionssystem achtet auch HIAT 2 auf eine an alltägliche Bezeichnungen angelehnte, dennoch eine mit Blick auf Über- und Untercharakterisierungen „kritisch reflektierte" neutrale Beschreibungssprache (Ehlich/Rehbein 1981: 313-314).
[64] Eine Übersicht über die HIAT 2-Notate findet sich in Ehlich/Rehbein 1981: 321. Zur Bedeutung der Aktdauer im nonverbalen Bereich siehe ebd.: 319.

Abbildung 3:
Beispiel für eine mit HIAT 2 bearbeitete Kommunikationssequenz[65]

```
L   VK  Ich werd es auch nachher anzeichnen. Ich
    NVK     o----------Blickfixierung auf S2-o   o--
        -HÄ-oo-abwert.Geste mit HÄ--oo-------HÄ gefalt
            o--lächelt---------o
S2  NVK     o----verschränkt AR trotzig,
                        KÖ vorgebeugt-----o
```

5.3. Das Partiturtranskript

Wie gezeigt, arbeitet GAT die verbalsprachliche Dynamik von Interaktionen besonders heraus, während sich HIAT 2 auf die genaue Verschriftlichung nonverbaler Kommunikationsakte konzentriert. Das im Folgenden vorgestellte Partiturtranskript kombiniert diese beiden Transkriptionssysteme und erweitert bzw. modifiziert sie in gewissen Punkten. Grundsätzlich festgehalten wird dabei an der von Ehlich und Rehbein eingeführten Partiturschreibweise.

Das Transkript ist so ausgerichtet, dass jede einzelne Person aufgeführt wird und ihre zeitgleichen sprachlichen und nicht-sprachlichen Akte durch Notate entlang einer Zeitleiste dargestellt werden. Die Beteiligten lassen sich bei Bedarf anonymisieren bzw. können durch eine Nummerierung voneinander unterschieden werden, um die Transkriptionsarbeit ein Stück weit vom Wissen um Status, Alter, Geschlecht etc. der jeweiligen Person abzuschirmen, aber auch, um über die Nummerierung klare Verweisungsmöglichkeiten innerhalb des Transkripts zu schaffen (z.B. B1 für Blick zu Person 1). Die hier verwendete *Partiturtranskription* stützt sich auf insgesamt fünf Zeilen (siehe Abb. 4):

Abbildung 4: Die fünf Partiturzeilen

Normaltext	
GAT-Text	
Mimik/Blick	
Gestik	
Kopf/Körper	

---

[65] Auszugsweise übertragen aus: Ehlich/Rehbein 1981: 318. „L" und „S2" stehen für unterschiedliche Akteure.

Die erste Zeile wird, um einen schnellen Überblick zum sprachlichen Verlauf zu geben, mit dem *Normaltext* versehen, der keinerlei Wiedergabe der Besonderheiten von Stimmverlauf und Sprachmodulierung enthält, sondern eine orthographisch korrekte Verschriftlichung des Gesprochenen ohne Anwendung eines Notationssystems. Diese Vorgehensweise erleichtert dem ungeübten Transkriptleser das Verständnis und ermöglicht zunächst eine vertraute Form der Lektüre.

Die darunter anschließende *GAT-Text*-Zeile dagegen versucht, die Eigenart der gesprochenen Sprache (Pausen, Akzentuierungen, Tonhöhenbewegungen und Lautstärkeveränderungen) abzubilden. GAT wird der Komplexität gesprochener Sprache weithin gerecht und stellt einen gelungenen Kompromiss zwischen Detailgenauigkeit der schriftlichen Aufzeichnung einerseits und dem Ideal gewohnter alltagsnaher Lesbarkeit andererseits dar. Außerdem erleichtern nachvollziehbare und dadurch leicht erlernbare Konventionen das Erstellen der Transkripte.

Während die ersten beiden Partiturzeilen der Aufzeichnung der verbalen Beiträge im Gremium dienen, sind die übrigen – der nonverbalen Seite der Interaktion gewidmeten – Zeilen weitaus schwieriger zu definieren und zu konventionalisieren. Es müssen geeignete Bezeichnungen gefunden werden – und es muss gewährleistet sein, dass das mit ihnen Bezeichnete, nämlich die unterschiedlichen Formen nonverbaler Kommunikation, eindeutig zuzuordnen sind und in Bereiche oder Kategorien aufgegliedert werden, die unmittelbar einsichtig sind. Abweichend von HIAT 2 wird eine Unterteilung des körpersprachlichen Bereichs in drei Ausdrucksfelder vorgenommen – einerseits, um die spezifische Ausprägung der jeweiligen Akte unmittelbarer aus dem Transkribierten hervortreten zu lassen, andererseits, um eine ausführlichere Kodierung als im HIAT 2 zu ermöglichen. An dieser Stelle ist anzumerken, dass das durchaus umfangreiche Theorieangebot zum Bereich nonverbaler Kommunikation (z.B. Kendon 2004, Müller 1998a) sowie zu deren Systematisierung, Operationalisierung und Begriffsbildung das Erzeugen einer möglichst neutralen Beschreibungssprache nicht unmittelbar erleichtert. Nach Praxiserprobung mehrerer Versionen wurde schließlich eine Unterscheidung der drei Dimensionen *Mimik/Blick*, *Gestik* und *Kopf/Körperausrichtung* eingeführt.

In der dritten Zeile werden *Mimik und Blick*, also alle Interaktionsbeiträge notiert werden, die im Gesicht der Person und durch ihre Augenkommunikation erkennbar sind. Hier ist auf ein spezielles Notationssystem zurückzugreifen, das in möglichst wenig interpretierender Weise Veränderungen der Blickrichtung und des Gesichtsausdrucks festhält. Bei Zuhörern lassen sich ‚stumme Kommentare' zu den Redebeiträgen anderer Gremienmitglieder finden. Eine zentrale Anforderung an die Notation besteht darin, nur eine Beschreibung der Blickrichtung und deren Dauer festzuhalten, um nicht voreilig Interpretationen zum sozialen Sinn des Blicks einfließen zu lassen. Außerdem muss das praktische Problem beachtet werden, dass in größeren Gremien und mit einfacher Videotechnik Details der Mimik und des Blickes nicht gänzlich einwandfrei erkennbar sind.

Gestik bildet den Gegenstand der vierten Zeile. Sie nimmt Bewegungen der Arme, Hände und Finger auf. Auch hier ist ein besonderes Notationssystem erforderlich, um die Bewegungen möglichst umfassend zu beschreiben. Für die Gestik wurde dabei auf ein empirisch bereits erprobtes System von Weinrich (Weinrich 1992) aufgebaut, das möglichst einfache beschreibende Begriffe für typische Gesten findet, die zumeist ohne gestentheoretische Vorkenntnisse intuitiv verständlich sind. In diesem Sinne werden häufig wiederkehrende Handhaltungen und -bewegungen als „Falthände" oder „Spielhände" bezeichnet.

Die fünfte Zeile schließlich erfasst die *Kopf- und Körperausrichtung*, somit also die Haltungen und/oder Positionsveränderungen des Kopfes, des Oberkörpers und der Beine. Für das Erstellen dieser Zeile wird ebenfalls ein eigens entwickeltes, relativ interpretationsfernes Notationssystem genutzt (Büttner 2005; Harrigan 2005). In dieser Zeile werden zum einen Kopfbewegungen wie Kopfschütteln, Kopfnicken und auch die Wendung des Kopfes in eine bestimmte Richtung, zum anderen Bewegungen des Oberkörpers und der Beine erfasst.

Die audiovisuelle Datenerhebung 47

Abbildung 5: Ausschnitt aus einem Partiturtranskript

Gremium: (Name)   Teilnehmerzahl: 15   Sequenzdauer: 6 Sekunden   Part: 31

Person 1

Normaltext	Vorstand
GAT	<<pp>vorstand>
Mimik/Blick	-BPP---
Gestik	-GrHAl+PpvOK HarKO----°GrHAl+PPu °GrHAr+STzvrPP---------
Kopf/Körper	-NA°Kou----------°°KOg-KOouou--------------------------

Person 2

Normaltext	,dem Vorstand'
GAT	<<f>dem vO:rstand.>
Mimik/Blick	°BPP-------°°B12-----------°°B5--------°°BPP-----------
Gestik	-ARüSTU------°SCouEBou--------------°------------°°GrHA
Kopf/Körper	-NAz--------°°KO12----KOou-°°KO5------°°NAvKOPP--------

Person 3

Normaltext	Dem Vorstand. Ja
GAT	dem vorstand <<all,f>JA>
Mimik/Blick	-BPP----------------°°B1----°°BPP---------------------
Gestik	-SpHAEBüTI+ST---------SCrvSClz------------------------
Kopf/Körper	-NavKOu-----------°°KO1---°°KOPPouou------------------

Person 4

Normaltext	Vorstand. Ja
GAT	<<p>vorstand ja:>
Mimik/Blick	-BPP--
Gestik	-GrHAr+ST---------------------------------------°°GrHAr
Kopf/Körper	-NavKOu----------------°KOlrlr-------°----------------

Person 5

Normaltext	Dem Vorstand vorzulegen. Fertig!
GAT	<<f>DEM Vorstand vorzuLEgen; (-) FERtig.>
Mimik/Blick	-Blu------------°°B1---------------------------°°BgSB
Gestik	-HäuTI---°°KAR-----
Kopf/Körper	-KounlNAv----------°°KO1NAv---------°°KO1NAz---°°Kogr

ZEIT in s   2---7

Siglen der nonverbalen Akte:

AR = Arme, B = Blick, Spielhand, EB = Ellbogen, GrHA = Greifhand, HA = Hand, HÄ = Hände, KAR = Kreuzarme, KO = Kopf, NA = Normalausrichtung, OK = Oberkörper, PP = Papier, SB = Schweifblick, SC = Schulter, SpHA = Spielhände, ST = Stift, STU = Stuhl, TI = Tisch, g = geradeaus, u = unten, o = oben, l = (nach) links, ü = über/auf, z = zurück, n = Neigung, v = vorne/vorwärts, r = (nach) rechts
1, 2, 5, 12 = Nummer der jew. Person, auf die der Akt bezogen ist.

Die Partiturzeilen bzw. -einheiten pro Person werden durch eine gemeinsame Zeitachse relationiert, sodass alle eingetragenen Akte sowohl mit Blick auf den Zusammenhang verschiedener Ausdrucksmittel einer Person als auch bezüglich des Verhältnisses von Aktivitäten verschiedener Sitzungsteilnehmer/innen forschungsrelevante Interpretationen zulassen. Insbesondere wenn es um die Deutung gleichzeitig verlaufender verbaler und nonverbaler Akte geht (z.B. ein Stirnrunzeln parallel zum Redebeitrag eines anderen Akteurs), kann der genaue Zeitpunkt der Akte einer Interpretation entscheidende Hinweise geben. Um die zeitliche Abstimmung bei der Erstellung eines Partiturtranskripts zu erleichtern, sollte der Schrifttyp `Courier` verwendet werden, da er für jedes Zeichen den gleichen Abstand definiert.

Um ein Partiturtranskript erstellen zu können, müssen Beobachtungen voneinander abgegrenzt, benannt und in einer geeigneten Zeile eingetragen werden. Dies geschieht über den Einsatz von Siglen, die Ereignisse und Kommunikationsmittel in Kurzform repräsentieren. Sie werden in einem Siglenverzeichnis nachgewiesen bzw. für Außenstehende entschlüsselt. Im Folgenden werden einige Erweiterungs- bzw. Modifikationsmöglichkeiten gegenüber dem Siglenkanon von HIAT 2 vorgestellt, die mit Blick auf den Untersuchungsgegenstand, die Herstellung von verbindlichen Entscheidungen in Gremien, vorgenommen wurden. Diese Vorschläge beziehen sich somit ausschließlich auf die drei Partiturzeilen für rein nonverbale Akte (Mimik/Blick, Gestik, Kopf/Körper).[66]

Das Bemühen um eine zeitlich genaue Transkription von Kommunikationsakten macht die Bildung von Siglen für nonverbale Akte erforderlich. Bewegungen und Blicke würden ausformuliert zu viel Raum einnehmen und sollten daher möglichst durch Richtungskürzel (vgl. Abb. 6) ersetzt werden. Dabei ergibt sich der erwünschte Nebeneffekt, dass nicht schon die Transkriptbezeichnung analytisch vorgreift, indem sie – oft unvermeidliche – Interpretationen mitformuliert (vgl. Abb. 3). Vor allem für Veränderungen der Blickrichtung und des Gesichtsausdrucks sollten Siglen festgelegt werden. Nicht nur einzelne

---

[66] Auch für die Notation nonverbaler Äußerungen haben Ehlich und Rehbein eine wichtige Grundlage geschaffen. Ausformulierte Verbalphrasen sind für die Beschreibung nonverbaler Praktiken oft zu umfangreich. Ihre Vorschläge für die Abkürzung der Bezeichnungen einzelner Körperteile (zumeist zwei Großbuchstaben, z.B. KO = Kopf, AU = Auge) haben sich nicht nur als praktikabel, sondern auch als flexibel erweiterbar erwiesen. Es wurden im Laufe der durchgeführten Transkriptionen beispielsweise Kürzel wie „EB" für Ellenbogen, „UAR" für Unterarme, „BN" für Beine oder „BNx" für übereinander geschlagene Beine neu eingeführt. Das verwendete Siglenverzeichnis sowie eine ausführliche Wiedergabe der GAT-Konventionen zur Transkription verbaler Akte lassen sich einsehen unter: http://mikropolitik.zes.uni-bremen.de/Verbindlichkeit.html. Eine alternative Notation bieten Körschen/Pohl/Schmitz/Schulte 2002. Sie betonen ebenfalls die Notwendigkeit einer verkürzten Darstellung. Ihre Software ComTrans zur Untersuchung von Videokonferenzen sieht ein Repertoire ikonischer Darstellungen für das Transkript vor.

Bewegungen, sondern auch Ausdrucksintensitäten können dabei durch Siglen bezeichnet werden, z.B. „DB" für das „deliberative Wegblicken" (Ehlich/Rehbein 1982: 78-113), oder „FB" für „Fixierblick" (Weinrich 1992: 170).

Einen Sonderfall bilden die Siglen für die Zeile Gestik. So stellt sich hier die Notwendigkeit einer kurzen Notationsform besonders nachdrücklich im Hinblick auf die komplexen Bewegungsabläufe, die Arme, Hände und/oder Finger oftmals vollziehen. Es bietet sich an, zumindest typische Bewegungsabläufe in Siglen abzufassen.

Gerade im Bereich der fünften Zeile, Kopf- und Körperausrichtung, kann eine größere Bandbreite an Siglen zu einer differenzierteren Darstellung führen, die das Beobachtete adäquater zu erfassen vermag. Beim Oberkörper kann es darüber hinaus aussagekräftig sein, festzuhalten, ob er sich in einer Normalausrichtung („NA")[67] befindet bzw. wann und wie er von dieser abweicht. Die Transkriptionsarbeit hat außerdem die wichtige Unterscheidung zwischen *vorgebeugter* und *zurückgelehnter* Körperhaltung nahe gelegt.

Abbildung 6: Auszug aus dem Siglenverzeichnis

Siglen für Bewegungsrichtungen:		
r = rechts	g = geradeaus	z = zurück, zurückgelehnt
l = links	ü = über/auf	n = Neigung nach/geneigt
o = oben, aufwärts	h = hinter	v = vor, vorgebeugt
u = unten, abwärts	x = gekreuzt, übereinander geschlagen	

Die Transkription der audiovisuellen Daten bildet den wohl arbeitsintensivsten Schritt der Gremienanalyse. Sie schafft jedoch die unverzichtbare Grundlage, um mittels des PAC-Schemas (3.3.) eine Elementaranalyse (6.) durchzuführen, d.h. ein fallorientiertes Verständnis der Herstellung kollektiv verbindlicher Entscheidungen zu erarbeiten. Ein solcher Analyseschritt, so wurde wiederholt deutlich, lässt sich nicht direkt auf die audiovisuellen Daten beziehen, sondern setzt ein Transkript voraus, das eine systematische Betrachtung einer Vielzahl von Akten in verschriftlichter Form erlaubt.

---

[67] Normalausrichtung meint eine parallel zur Tischkante und horizontal ausgerichtete Sitzhaltung.

6. Die Elementaranalyse

Mit dem Partiturtranskript liegt eine umfassende Beschreibung des Gremiengeschehens vor, die als Grundlage für den dritten Schritt der Gremienanalyse dient: die *Elementaranalyse*.

- Die Elementaranalyse zielt darauf ab, unter allen im Partiturtranskript festgehaltenen sozialen Akten diejenigen zu identifizieren, die zur Entscheidungsfindung beitragen.
- Durch Interpretationsleistungen des Kodierenden erfolgt in diesem Analyseschritt eine Reduktion auf entscheidungsrelevante Akte. Dabei dient das PAC-Schema aus Kapitel 3.3. maßgeblich als Analytik.
- Die Ergebnisse der Elementaranalyse werden in einer *Elementarnotation* dokumentiert, die in Kapitel 6.2. vorgestellt wird.

Die Elementaranalyse ist ein Prozess des kontrollierten Interpretierens von Daten auf Grundlage des bereits transkribierten Materials und der jeweiligen Filmausschnitte. Ihre theoretische Grundannahme lässt sich dabei wie folgt formulieren: Innerhalb des transkribierten Gremiengeschehens können elementare, signifikante Bestandteile kollektiver Entscheidungsfindung als soziale Akte identifiziert werden. Die drei zu identifizierenden Akte: Proposal, Acceptance und Confirmation wurden bereits vorgestellt. Die Daten werden auf jene Akte reduziert, die durch ihren Charakter als P, A oder C zur Entscheidungsfindung beitragen. Diese Akte werden im Folgenden als *entscheidungszentriert* bezeichnet. Die nachstehenden Ausführungen dienen dazu, die Kriterien, Vorgehensweisen und Schwierigkeiten der Identifikation von entscheidungszentrierten Akten in Gremiensitzungen darzulegen. Das vorliegende Kapitel widmet sich zunächst der Frage, anhand welcher Kriterien ein Akt als P-Akt, A-Akt oder C-Akt erkannt werden kann. Im Anschluss daran wird die Aufzeichnung dieses Analyseschritts erläutert, die mit Hilfe der Elementarnotation geleistet wird. Ein an die Bedürfnisse der Elementaranalyse angepasstes *Codebook* wird vorgestellt. Zudem wird mit dem *Kodierprotokoll* eine Möglichkeit des Offenlegens von Interpretationsleistungen aufgezeigt.

6.1. Identifikation von Akten

Ein Akt gilt dann als *entscheidungszentriert*, wenn er als signifikantes Element in einem Prozess der Entscheidungsfindung identifiziert werden kann. Zu beurteilen, ob ein Akt in diesem Sinne signifikant ist, ist nicht immer einfach. Beispielsweise zählt das Heben des Arms während einer formalen Abstimmung sicherlich zur Gruppe der entscheidungszentrierten Akte. Wie aber lässt sich ein Verschränken der Arme deuten? Um aus der gesamten Mikrostruktur des Sitzungsgeschehens, wie sie die Partiturnotation nachweist, entscheidungszentrierte Akte herausdestillieren zu können, bedarf es einer systematischen Vorgehensweise.

Der zentrale Anhaltspunkt ist die Eigenschaft eines entscheidungszentrierten Aktes, entweder als Proposal, als Acceptance oder als Confirmation zu fungieren. Wie aber erkennt man P-, A- oder C-Akte? Als Ausgangspunkt kann zunächst auf *sprachliche Beiträge* zurückgegriffen werden. Angesichts der großen Teilnehmerzahl in einem Gremium und der zeitlichen Länge einer Sitzung von meist mehreren Stunden bestehen praktische Schwierigkeiten, Akte in einem ersten Zugriff bereits über nonverbale Indikatoren zu bestimmen. Schwerwiegender ist jedoch die Tatsache, dass viele nonverbale Akte ohne einen Zusammenhang mit verbalen Akten nicht als entscheidungszentriert zu erkennen sind. Im Vergleich zu nonverbalen Akten sind die Botschaften verbaler Akte leichter zu deuten und stellen sich im Partiturtranskript besonders übersichtlich dar. Der Rückgriff auf verbale Äußerungen ist besonders für P-Akte geeignet, während bei A- und C-Akten eine relativ hohe Präsenz rein nonverbaler Äußerungen zu finden ist.[68]

In der Feststellung solcher Beziehungen zwischen Sprache und nonverbalen Akten liegt die Herausforderung der Elementaranalyse, denn während die Wortsprache Vergangenes beliebig wieder aufgreifen kann, sind nonverbale Akte auf eine gleichzeitige oder zeitnahe sprachliche Unterstützung angewiesen, um in ihrer Bedeutung verstanden zu werden. Bei rein nonverbalen Akten ist die *zeitlichen Unmittelbarkeit* des Akts zu einem entscheidungszentrierten verbalen Akt das wichtigste Erkennungskriterium, denn nonverbale Akte können nicht auf zeitlich weiter Zurückliegendes referieren. Während die Wortsprache auch ohne zeitliches Zusammentreffen mit einem Proposal ihre Zielsetzung potenziell noch

---

[68] Dabei führt eine zunächst sprachorientierte Vorgehensweise keineswegs zu einer impliziten Wiedereinführung eines Denkens, das Sprache und leiblichen Ausdruck hierarchisch begreift. Im Gegenteil: Die Einheit von Sprache und leiblichen Ausdrucksformen im Sinne von „speech-body-acts" bleibt als Grundkonzeption gewahrt, denn die sinnvolle Nutzung sprachlicher Beiträge als Mittel zur Systematisierung nonverbaler Äußerungen setzt die Annahme einer wechselseitigen Bezogenheit beider Dimensionen menschlichen Ausdrucks voraus.

verdeutlichen kann („Sie gaben vorhin den interessanten Hinweis..."), werden nonverbale Akte unverständlich, sobald andere Akte zwischen sie und den Akt, auf den sie Bezug nehmen, treten. Aber nicht nur der Zusammenhang des Auftretens eines Aktes mit einer vorangegangenen oder zeitgleich auftretenden sprachlichen Äußerung, sondern auch andere nonverbale Elemente sind bei der Entscheidung über seine Zugehörigkeit zum Entscheidungsfindungsprozess ausschlaggebend. Es ist nicht möglich, bestimmte Akte, wie Kopfnicken oder Schreiben, ohne weitere Bezugspunkte als entscheidungszentriert zu bestimmen. Selbst ein Kopfschütteln muss nicht unbedingt in Bezug zu einem aktuellen Proposal stehen, sondern kann auch als ein Akt der Selbstkorrektur interpretiert werden. Es gibt aus diesem Grund auch keine allgemeinen Entscheidungsregeln, welche körpersprachlichen Ausdrucksformen als entscheidungszentriert zu deuten sind. Die Entscheidung darüber, ob ein Akt als entscheidungszentriert gelten kann, muss stattdessen für jeden Einzelfall begründet und dokumentiert werden. Unter Berücksichtigung des aus dem Filmmaterial und der Partiturnotation sichtbaren Handlungszusammenhangs muss sich der Forscher während der Interpretation ständig die Frage nach der Relation des jeweils betrachteten Akts zur aktuellen Entscheidungsfindung stellen: Signalisiert dieses Schulterzucken einen Acceptance-Akt? Spielt jenes Wegblicken vor dem Hintergrund einer Proposal-Darstellung überhaupt eine entscheidungszentrierte Rolle? In den folgenden Unterkapiteln werden jeweils spezifische Charakteristika der drei unterschiedlichen Akte erläutert, um Unterscheidungen zwischen PAC-Akten und anderen speech-body-acts zu ermöglichen.

6.1.1. Identifikation von Proposal-Akten

Gesprochene Äußerungen fungieren gerade bei P-Akten als wichtigster Ausgangspunkt. Da ein Proposal nur in Ausnahmefällen[69] ohne verbale Anteile eingebracht werden kann, bieten sich verbale Äußerungen als erste Orientierung an, um Proposals innerhalb der Gesamtheit der in der Partiturnotation aufgeführten Akte zu identifizieren.

Der textanalytische Zugang richtet sich darauf, die vier Merkmale eines Proposals: *Selbstbezeichnung*, *Rahmung*, *Adressierung* und *Vorschlagsinhalt* mittels Prüfung des Normaltexts der Partiturnotation auf signifikante Formulierungen zu identifizieren. Diese müssen der Minimalform eines Proposals: „Akteur/Sprecher fordert das Gremium auf, x zu beschließen" (vgl. Kapitel 3.3)

---

[69] Als Ausnahme denkbar wären Embleme, d.h. nonverbale Akte mit direkter verbaler Übersetzung oder lexikalischer Bedeutung (Ekman/Friesen 1999), wie das „mit dem Finger auf die Türe zeigen", welches als Vorschlag den Sitzungsraum zu verlassen gedeutet werden kann.

entsprechen. Dabei ist es möglich, dass einzelne oder mehrere der vier Elemente in dem entsprechenden Proposal nur implizit enthalten sind.[70] Eine wichtige Voraussetzung der Zuschreibung einer Proposal-Qualität ist die *Anerkennung des Proposals als Proposal* durch die Anwesenden, die nur an deren Reaktionen abzulesen ist.[71] Hier kann es im Falle uneindeutiger Proposals zu *Korrekturleistungen* kommen, wie: „War das jetzt ein Vorschlag?".[72] Aber auch die Aberkennung eines Proposals ist möglich. Beispielsweise könnte durch gemeinsames Lachen statt einer anschließenden Diskussion ausgedrückt werden, dass eine Äußerung als Witz und nicht als Proposal gedeutet wurde.

Von besonderer Wichtigkeit für den Fortgang des Entscheidungsprozesses ist die *Proposal-Rahmung*, die auch gut zur Erleichterung der Identifikation eines Proposals genutzt werden kann. Die Proposal-Rahmung bezeichnet die Ausprägung der Aufforderung an ein Gremium: Wie zurückhaltend oder offensiv wird ein Proposal vorgetragen? Demgemäß können *Meinung, Vorschlag, Bitte* und *Forderung* unterschieden werden. Denkbar sind auch noch offensivere Proposal-Varianten wie der *Befehl*. Diese setzen allerdings eine deutlich asymmetrische Kommunikationssituation voraus, die nur in strikt hierarchischen Kontexten auftauchen dürfte. Auffällig sind Versuche, den Anspruch des eigenen Proposals einzugrenzen. Dieses wird sehr oft als persönliche *Meinung* deklariert mit Phrasen wie „[dass] ich es sinnvoll fände..." oder „...und dann finde ich...". Der Anspruch des Proposals klingt bescheidener als er letztlich ist, denn natürlich hofft der Sprecher, dass sich aus der subjektiven Sicht eine kollektive Einsicht ergibt. Nutzt man die Sprechaktklassifikation (Searle 1979), verwendet der Proposal-Typ *Meinung* nicht den direkten Modus, sondern den expressiven Modus. Der *Vorschlag* zeigt dagegen den kollektiven Anspruch des Proposals deutlicher. Er wird explizit gemacht, indem die Sprecher ihr sprachliches Handeln selbst als Vorschlag bezeichnen (z.B. „„...insofern würde ich doch vorschlagen..."). Dadurch wird deutlich, dass es um mehr als eine persönliche Haltung geht, weil der Angebotscharakter viel stärker ausgeprägt ist als bei der Meinung. Wer „vorschlägt" und auch noch sagt, dass er „vorschlägt", kennzeichnet sein Tun als auf das Kollektiv ausgerichtet. Die *Bitte* ist eine stark auffordernde Form des Proposals. Das Proposal als Bitte wird nicht mehr als Meinung oder Angebot/Vorschlag verstanden und dargestellt, sondern es wird ganz eindeutig

---

[70] Denkbar wäre beispielsweise das verkürzte Proposal: „Könnten (2) wir (1+3) nicht mit einer gemeinsamen Stellungnahme dagegen vorgehen (4)?".
[71] Anerkennung bezieht sich hier lediglich auf die Feststellung, ob ein Proposal als Proposal anerkannt wird, nicht jedoch auf die Position der einzelnen Akteure. Gerade verkürzte Proposals erhalten ihre eindeutige Zuordnung und damit Anerkennung in ihrer Funktion als Proposal oft erst durch Nachfragen, wie beispielsweise: „War das jetzt als Vorschlag gemeint?".
[72] Wird dieser Korrekturvorschlag vom Vorschlagenden des fraglichen Proposals angenommen, so ist dieses als Proposal zu werten.

Elementaranalyse

eine Erwartung gegenüber dem Gremium formuliert, wie die kollektive Praxis ablaufen und welcher verbindliche Beschluss gefasst werden soll. Der Akzent liegt bei der Bitte auf deren Erfüllung. Die drei Proposal-Formen unterscheiden sich also nicht nur in ihrem ‚Charakter', sondern auch in ihren Konsequenzen für die Interaktion: Die Meinung verlangt, gehört zu werden. Der Vorschlag möchte eine oder mehrere Stellungnahmen und Kommentare. Die Bitte aber erwartet ihre Erfüllung oder entschuldigende Ausführungen, warum ihr nicht gefolgt werden kann. Die vierte Form der Proposal-Rahmung ist die *Forderung*. Die Äußerung des Sprechers E: „Hiermit fordere ich x zu beschließen." stellt zunächst eine Selbstfestlegung dar. E ist auf x festgelegt. Jeder andere Regelungsinhalt wird ausgeschlossen. X und nur x soll das Ergebnis des Gremienprozesses sein. Forderungen blockieren mithin die Offenheit der Kommunikation in einem Gremium. Sie signalisieren, dass es zumindest eines erheblichen Aufwandes bedarf, um E von der Position x wieder abzubringen. Jedem anderen Regelungswunsch ist damit angezeigt, dass er nur mit erheblichem Energieaufwand einzubringen und durchsetzbar ist. Eine Forderung stellt darüber hinaus eine Art ‚Akzeptanznötigung' dar. Die Zustimmung oder Ablehnung ist dabei nicht in das freie Belieben des Adressaten gestellt, Zustimmung wird verlangt, sie ist die einzig ‚erlaubte' Form der Akzeptanzäußerung, alles andere ist als Signalisierung von Gegnerschaft zu verstehen. Forderungen strukturieren den sachlichen wie den sozialen Raum in ein ‚für mich' und ‚gegen mich' und lassen zunächst nur wenig Raum für Zwischenpositionen. Die Forderung ist neben dem Befehl eine stark direktive Form, die dem Gremium einen geringen Grad an Freiwilligkeit bei der Akzeptanz des Proposals zu vermitteln versucht.

Die Rahmung gibt Hinweise auf das Verhältnis zwischen dem Vorschlagenden und seinen Adressaten: ein Proposal kann abhängig von diesem Verhältnis beispielsweise als „Befehl" oder als „diskussionswürdige Lösungsmöglichkeit" gerahmt werden. Aber auch nonverbale Elemente, wie Lautstärke und Tempo der Rede, Wortakzentuierungen (auch durch wechselnde Tonhöhen), Gesten oder Mimiken tragen zur Rahmung eines Proposals bei. Unter Umständen sind es solche redebegleitenden, -umrahmenden oder unmittelbar in die Rede integrierten nonverbalen Äußerungen, die den gesamten Unterschied zwischen einer Bitte und einem Befehl prägen. Beispielsweise kann der Vorschlag: „Ich bitte Sie, schnellstmöglich zu handeln!" in Kombination mit einem erhobenen Zeigefinger als Drohung gedeutet werden.

Die beschriebene Sichtung des Datenmaterials nach vorwiegend sprachlichen Kriterien führt zu einem ersten Überblick über Eingrenzungsmöglichkeiten der Daten. Als entscheidungsrelevant gelten die anhand der bereits genannten Kriterien identifizierten Proposals, während lange Phasen der allgemeinen Vorstellung von Projekten, die keine konkreten Aufforderungen an das Gremium enthalten, zunächst nicht berücksichtigt werden. Da ein Proposal immer den Anfang einer PAC-Struktur bildet, sind weder A-Akte noch C-Akte vor einem ersten Proposal möglich. Hiervon ausgehend richtet sich die Elementaranalyse nun auch auf die Auswahl nonverbaler Akte. Verbale Äußerungen bleiben dabei Anknüpfungspunkte. Eine fehlende zeitliche Relation zu einem entscheidungszentrierten verbalen Akt gilt folglich als erstes Ausschlusskriterium für einen nonverbalen Akt. Für jeden zeitlich mit dem Proposal zusammenfallenden nonverbalen Akt stellt sich nun die Frage, ob es sich um eine Zustimmung zum oder Ablehnung des Proposals handelt. Ist dies der Fall, so kann der untersuchte Akt als A-Akt klassifiziert werden.

6.1.2. Identifikation von Acceptance-Akten

Das skizzierte Grundverständnis eines A-Akts als inhaltliche Stellungnahme zu einem Proposal wird als Leitkriterium zur Erkennung von A-Akten herangezogen. So können sich A-Akte nicht nur auf den Vorschlagsinhalt, sondern auf jedes der vier Elemente des Proposals beziehen. Bezogen auf diese vier Elemente kann ein Proposal beispielsweise abgelehnt werden, wenn (1) der Vorschlagende als nicht berechtigt angesehen wird, einen Vorschlag einzubringen, (2) die Art und Weise, wie die Forderung vorgetragen wurde, als unangemessen abgelehnt wird, (3) das Gremium als nicht zuständig für die Forderung betrachtet wird oder (4) der Inhalt der Forderung nicht akzeptiert wird.

Neben Stellungnahmen zum Inhalt des Proposals, wie: „Ich finde, das ist eine gute Idee, die wir weiterverfolgen sollten.", finden sich deshalb auch A-Akte, wie: „Das gehört aber nun wirklich nicht hierhin!" oder: „Warum trittst Du so fordernd auf?". Aber auch nonverbale A-Akte, wie beispielsweise Kopfnicken, Wegblicken oder mit den Fingern auf den Tisch tippen können sich auf die vier Elemente eines Proposals beziehen. Aufgrund der eingeschränkten Möglichkeiten in einem Gremium, Äußerungen verbal auszudrücken, treten nonverbale A-Akte sehr häufig auf. Als Erkennungsregel gilt: Ein in der Partiturnotation aufgeführter Akt wird als A-Akt aufgefasst, wenn ein Akteur sich zustimmend, ablehnend oder in anderer erkennbarer Weise (gleichgültig oder unentschieden) im Hinblick auf ein Proposal äußert.

Nonverbale A-Akte lassen sich grob in zwei Kategorien unterteilen, die für den Kodierenden verschiedene Schwierigkeitsgrade der Interpretation darstellen. Die erste Kategorie wird von Akten gebildet, die von Teilnehmern, bzw. für jeden mit den Konventionen des Gremiums vertrauten Anwesenden, eindeutig als entscheidungsrelevant zu klassifizieren sind. Hierzu gehören Embleme und

Elementaranalyse 57

redebegleitende Illustratoren (Ekman/Friesen 1979, 1999),[73] die Stellungnahmen *ausdrücklich* verständlich zeigen. Als Beispiele hierfür lassen sich Kopfnicken, Kopfschütteln, Stirnrunzeln oder Abwinken nennen. Aber auch bei diesen ausdrücklichen A-Akten ist der Bezug zum Proposal zu überprüfen. Ein Nicken während eines zeitlich mit dem Proposal zusammenfallenden Zwiegesprächs muss keine Stellungnahme zum betreffenden Proposal sein, und ein Kopfschütteln kann, wie bereits erwähnt, auch der Selbstkorrektur gelten. Eine größere Herausforderung stellen jedoch die vielfältigen Formen *indirekter* und *ambivalenter* Stellungnahmen dar, die sich nur schwer unter Entscheidungsgesichtspunkten einordnen bzw. als A-Akte interpretieren lassen. Beispiele hierfür wären das Wegblicken, der Beginn einer Unterhaltung mit dem Nachbarn, das Scharren mit den Füßen oder das Teetrinken. Diese Akte haben manchmal, auch wenn sie nicht direkt von allen Teilnehmern als Stellungnahme gedeutet werden können, eine große Bedeutung für das Erreichen einer gemeinsamen Entscheidung und müssen deshalb sorgfältig analysiert werden. Beispielsweise kann das geräuschvolle Scharren mit den Füßen in bestimmten Kontexten als starke Ablehnung oder Ungeduld gedeutet werden, welche der Akteur durch Störung des Sprechers ausdrückt. Akte wie das Teetrinken bzw. das Wegblicken können demgegenüber bedeuten, dass ein Akteur seine Position zum Proposal (noch) nicht zeigen möchte.

Für den Kodierenden sind besonders im Falle der indirekten und ambivalenten Stellungnahmen wichtige Auswahlentscheidungen zu treffen: Bezieht sich dieses „Stirnrunzeln" auf den zeitnah gemachten Vorschlag einer anderen Person oder nicht? Ist dieses „Senken des Blicks" eine „Antwort" auf die im Raum stehende Frage, ob dieser Vorschlag akzeptiert wird? Vom beobachteten Akt ausgehend werden in zeitlicher Relation stehende Akte des Akteurs und aller anderen Akteure betrachtet, und nach möglichen Bezugnahmen untersucht: Senkt ein Akteur seinen Blick, während ein anderer Akteur bei der Äußerung in die Runde schaut? Oder werden Blicke ausgetauscht? Auch hier ist eine vorsichtige Interpretation des Kodierenden gefragt und Zweifelsfälle sollten – durch ein Fragezeichen gekennzeichnet – in die Notation mit aufgenommen werden, um in Einzelfallbesprechungen im Forscherteam intensiv diskutiert und gemeinsam

---

[73] Embleme sind Gesten mit direkter sprachlicher Entsprechung, wie beispielsweise eine Faust mit nach oben gestreckten, in Richtung des Angesprochenen ausgerichteten Daumen, als Zeichen für „OK". Illustratoren sind Gesten, die eine gesprochene Äußerung unterstützen, wie beispielsweise die Gestikulation eines Sprechers durch rhythmische Hand- und Armbewegungen. Während Embleme auch ohne die Begleitung durch eine verbale Äußerung zu verstehen sind, sind redebegleitende Illustratoren, z.B. die Gestikulation während des Sprechens, direkt auf die verbale Äußerung bezogen.

entschieden zu werden.[74] Zur Überprüfung der Intercoderreliabilität können zudem auch mehrere Kodierer unabhängig voneinander die gleiche Sequenz bearbeiten und ihre Elementarnotationen danach vergleichen.

Für die Elementaranalyse zur Identifikation von A-Akten stellt sich das besondere Problem, dass sich Proposal- Acceptance- und Confirmation-Schritte der Verbindlichkeitsherstellung keineswegs in zeitlich geschiedenen Phasen vollziehen. A-Akte kommen bereits während der Präsentation einer Entscheidungsgrundlage – und somit im Aufbauprozess eines Proposals – vor. Auch können A-Akte weiterhin geäußert werden, während andere Akteure schon C-Akte äußern. Zwischen dem Proposal und einem für alle verbindlichen Beschluss eröffnet sich in manchen Gremiensitzungen eine vielschichtige Phase der Interaktion, deren Dynamik sich als Herstellungsversuch *summierender A-Akte* (vgl. Kapitel 3.3.) charakterisieren lässt. Mit Acceptance-Akten findet eine Offenlegung der verschiedenen Positionen zu einem Vorschlag statt. Sowohl der Verlauf als auch der Ausgang dieser Interaktion ist in jede Richtung offen: Werden A-Akte der Zurückweisung eines Proposalinhalts laut, sind neue oder modifizierte Proposals zu erwarten, die ihrerseits Akte der Acceptance einfordern. Wird nach einer Acceptance-Phase, die in Reaktion auf ein Proposal oder auch auf eine Modifikation eines Proposals erfolgte, kein Wunsch zu weiteren Stellungnahmen angezeigt, kann zur formellen Abstimmung des Proposals übergegangen werden. Sicherlich sind viele weitere Formen der Offenlegung von P-Akten und A-Akten in realen Sitzungsverläufen zu entdecken und in ihren Konsequenzen zu bedenken.

6.1.3. Identifikation von Confirmation-Akten

C-Akte sind Akte der Bestätigung und Bekräftigung, Akte, die bekunden, dass eine Entscheidung getroffen worden ist. Sie signalisieren, dass die Zustimmung, die ein Vorschlag erhalten hat, sei es in Form vielfacher einzelner Fürsprache, sei es in Form einer Abstimmung, nun überführt ist in einen gemeinsamen Beschluss, der als verbindliche Entscheidung des Gremiums gilt. Nicht gemeint sind damit die als Stützung für einen A-Akt eingebrachten Verweise auf eine mögliche Übereinstimmung im Gremium. Ein C-Akt ist auch nicht gleichzusetzen mit der persönlichen Befürwortung des Proposals, denn auch Personen, die vorher ein anderes Proposal gestützt hatten, können – im Wissen, dass die Entscheidung nun gefallen ist – C-Akte ausdrücken. C-Akte können durch eine verbale Äußerung vollzogen werden, aber auch vollständig nonverbal erfolgen.

---

[74] Ziel ist es jedoch, nur entscheidungszentrierte Akte in die Elementarnotation aufzunehmen. Die Kennzeichnung durch ein Fragezeichen bleibt aus diesem Grund nur vorläufig.

Das Aufschreiben eines Abstimmungsergebnisses kann beispielsweise als C-Akt interpretiert werden, weil der Akteur damit signalisiert, dass er keine Gegenvorschläge zu diesem Zeitpunkt mehr erwartet. Akte der Bekräftigung, die gleichzeitig eine „Rückversicherung" des Sprechers darstellen, lassen sich etwa in der Form von Kopfnicken, Stille, Heiterkeit, Unruhe etc. erkennen.

Gibt es gegen Ende eines Tagesordnungspunktes ein formelles Abstimmungsverfahren und fällt schließlich ein Satz, der das Ergebnis dieser Abstimmung verbalisiert, so ist dies ein klares Zeichen eines Confirmation-Akts in einem konventionellen Sinn. Kommt es nicht zu einer Abstimmung, bedarf es meist anderer, weniger ritualisierter Formen der Bekundung. Eine Kombination aus dem Sprechakt „Dann darf ich zusammenfassen...." und dem Vorgang, dass die überwiegende Zahl der Sitzungsteilnehmer/innen den Inhalt dieser ‚Zusammenfassung' als ‚Ergebnis' und ‚Beschluss' aufschreibt, stellt eine der weniger offensichtlichen Ausdrucksformen der Confirmation dar, die aber zwingend sind, um einen Entscheidungsprozess abzuschließen, denn sogar ein über einen Tagespunkt zerstrittenes Gremium einigt sich zumindest gemeinsam auf die Vertagung der Diskussion.[75] Ein C-Akt gilt als gescheitert, wenn ihm widersprochen wird und statt eines Abschlusses eine weitere Phase der Acceptance oder ein Proposal zum gleichen Diskussionspunkt folgt. Der *gescheiterte C-Akt* wird als Sonderform eines C-Akts betrachtet.[76]

Die Grenzen zwischen summierenden A-Akten und C-Akten können fließend sein. Wichtig für die Zuordnung ist der Zeitpunkt ihres Auftretens. Aber auch die *Art* der Geste, der Mimik, des Blicks kann im zeitlichen Kontext Aufschluss darüber geben, ob eine Person gerade eine individuelle Sicht auf das Proposal kommuniziert (singuläre Acceptance), ob eine Geste als Teil einer Acceptance-Bekundung mehrerer bis aller Gremienmitglieder (summierende Acceptance) oder als Teil einer Confirmation gilt. Während beispielsweise das Händeheben bei einer Abstimmung oder das gemeinsame Nicken als summierende A-Akte gelten, können C-Akte auch von einzelnen Personen erfolgen, wenn sie das Ergebnis der Entscheidungsfindung des gesamten Gremiums thematisieren. Auch in diesem Fall kann der Kontext des Aktes bei der Entscheidung helfen. „Schreiben" oder „Papiere zusammenräumen" sind beispielsweise als C-Akte identifizierbar, wenn sie auf konfirmierende Worte folgen wie: „Damit ist diese Vereinbarung einstimmig angenommen".

---

[75] Lediglich ein abruptes Ende einer Gremiensitzung, beispielsweise wenn mehrere Teilnehmer den Saal verlassen, verhindert den Abschluss eines Tagesordnungspunktes durch Confirmation.
[76] In der Elementarnotation würde dieser Akt dennoch als C-Akt auftauchen (vgl. Kapitel 6.3.). Ein gescheiterter C-Akt ist vor allem im Prozessdiagramm deutlich als „Sackgasse" zu erkennen (vgl. Kapitel 7.2.).

6.2. Vom Partiturtranskript zur elementaranalytischen Notation

Um die Entscheidungen der Elementaranalyse dokumentieren zu können, wird eine neue Notationsform benötigt. Voraussetzungen für das Erstellen einer solchen *Elementarnotation* sind die vorgestellten Kriterien zum Erkennen entscheidungszentrierter Akte, die Partiturnotation und das Filmmaterial.[77]
Die Elementarnotation

- dokumentiert die *Interpretation von Akten* als entscheidungszentriert und
- erreicht eine *erhöhte Lesbarkeit* durch kürzere und zusammengefasste Siglen.

Instrumente der Elementarnotation sind

- ein *Codebook*, welches Siglen für entscheidungszentrierte Akte festlegt und
- ein *Kodierprotokoll*, welches die Entscheidungen der Kodierenden offen legt, bestimmte Siglen aus der Partiturnotation als entscheidungszentrierte Akte in die Elementarnotation zu überführen.

Die Elementarnotation ist gleichzeitig Instrument und Darstellungsform der Ergebnisse der Elementaranalyse. Der leitenden Idee der Elementarnotation folgend, werden die Wege kollektiver Entscheidungsfindung in einer schematisierten Zusammenschau jener Kleinstelemente des Sitzungsgeschehens erkennbar. Während das Partiturtranskript auf eine möglichst vollständige, gleichgewichtige und neutrale Erfassung des Gremiengeschehens zielt, notiert die Elementarnotation nur noch jene Akte, die für die Entscheidungsfindung signifikant sind. In diesem Schritt wird die Ausgangsfragestellung – die Frage nach dem Entstehen gemeinsamer Entscheidungen – wieder aufgegriffen und leitet die in diesem Teil der Analyse vorzunehmende Datenreduktion. Die Aufzeichnung der Akte bleibt dabei sowohl personenbezogen als auch in ihrer korrekten zeitlichen Relation.

Während in der Partiturnotation den körpersprachlichen Merkmalen (Mimik/Blick, Gestik und Kopf/Körper) jeweils eine eigene Zeile zugewiesen wurde, werden entscheidungszentrierte körpersprachliche Akte jetzt in einer Zeile (nv) zusammengefasst. Falls ein Akteur sich in der zu kodierenden Phase verbal

---

[77] Die Partiturnotation bietet mit ihrer detaillierten Zusammenschau aller Akte eine wichtige Grundlage für die Elementarnotation. Sie zwingt den Kodierenden dazu, sich mit jeder beobachtbaren Bewegung auseinander zu setzen und nach ihrer Entscheidungszentriertheit zu fragen. Ein Rückgriff auf das Filmmaterial bietet zusätzliche Möglichkeiten. Trotz der Detailliertheit der Partiturnotation kann die Partiturnotation Bewegungen „nur" grob bezeichnen: Wenn es beispielsweise zur Frage kommt, wie stark sich ein Kopf drehte oder wie schnell und in welchem Winkel ein Arm gehoben wurde, dann ist ein Rückgriff auf das Filmmaterial sinnvoll. Auch zur eindeutigen Bestimmung des Bezugs von Akten zueinander ist ein Rückgriff auf das Filmmaterial ratsam.

Elementaranalyse

äußert, wird eine zusätzliche Zeile (t) für diese Person hinzugefügt. Jeder zusammenhängende Akt wird durch Voranstellen des jeweiligen fettgedruckten Buchstabens als Proposal (P), Acceptance (A) oder Confirmation (C) klassifiziert. Für jeden A-Akt wird zudem eine auf die Entscheidungsfindung ausgerichtete *Bewertung* notiert. Durch eine tief gestellte Fußnote werden dem Proposal zustimmende Akte mit „+", ablehnende Akte mit „-" und neutrale Akte mit „0" gekennzeichnet. Verbale Akte werden ebenfalls durch P, A oder C klassifiziert und chronologisch in der Reihenfolge ihres Auftretens nummeriert. In einer Legende außerhalb der Elementarnotation werden sie dann in ihrer Normaltextform wiedergegeben und können anhand der Nummerierung der Elementarnotation zugeordnet werden. Elemente des GAT-Textes werden in der Elementarnotation nicht berücksichtigt, können aber bei Bedarf jederzeit anhand der Partiturnotation nachvollzogen werden. Ohne diese Abkürzungen der verbalen Kommunikation würde die Elementarnotation zu umfangreich.

Die am unteren Ende des Transkriptionsbogens befindliche Zeitachse wird beibehalten. Im Prinzip arbeitet auch die Elementarnotation mit den aus HIAT übernommenen Endloszeilen untereinander angeordneter Akteure. Der benötigte horizontale Darstellungsraum lässt sich jedoch durch Veränderung der Zeiteinheiten regulieren. Wichtig bleibt jedoch, zeitlich parallel auftretende Ereignisse auch direkt untereinander darzustellen und so die Wiedergabe der Gleichzeitigkeit zu gewährleisten. Die Elementarnotation kann nicht einfach auf das Siglenverzeichnis der Partiturnotation zurückgreifen, sondern benötigt ein neues Codebook, welches folgende Aufgaben erfüllt:

- Reflexion der Interpretationsleistungen des Kodierenden bezüglich des Zusammenfassens von Akten,
- Reduktion langer Siglen auf Platz sparendere, zusammenfassende Siglen.

Zunächst bedeutet die Identifikation eines entscheidungszentrierten Akts eine hohe *Interpretationsleistung*, die dazu führt, dass beispielsweise aus einer wiederholten Drehung des Kopfes nach rechts und links in einer bestimmten Situation ein „Kopfschütteln" wird, das als negativer A-Akt in die Elementarnotation eingeht. Durch die Interpretation einer wiederholten Kopfdrehung als „Kopfschütteln" wird der Bewegung eine zusätzliche Bedeutung zugeschrieben, die eine eigene Sigle notwendig macht: aus „KOlrlr" wird „K2". Neben der Aufgabe, Interpretationsleistungen zu dokumentieren, steht die Elementarnotation auch vor einer *Reduktionsaufgabe*: Entscheidungszentrierte Akte bestehen oft aus einer Kombination von Siglen, die in der Partiturnotation häufig über mehrere Zeilen verteilt auftreten. Beim „Schreiben" können beispielsweise ein Blick aufs Papier „BPP" (aus der Zeile Mimik/Blick) mit einer nach einem Stift greifenden Hand, die diesen dann über das Papier bewegt „GrHArSTPPlr" (aus der

Zeile Gestik) und der Ausrichtung des Kopfes zum Papier „KOPP" (aus der Zeile Kopf/Körper) zusammentreffen. Aus Platzgründen ist es sinnvoll, für diese langen Ketten, – zusammengesetzt aus verschiedenen Mimiken, Gestiken, Kopf- und Körperbewegungen entscheidungszentrierter Akte – in der Elementarnotation Abkürzungen zu bilden. So wird aus der genannten Aneinanderreihung von Siglen ein kurzes „G1", welches für den Akt „Schreiben" steht. Diese neue Sigle wird im Codebook festgehalten.

Abbildung 7: Beispiel Codebook

3. „Gesten" (G)

Siglen EN	Akt	Definition der empirischen Merkmale	Beispiel Siglen PN
G1	Schreiben	Mit einer Hand ausgeführte Bewegung, Finger führen Stift über Gegenstand (meist Papier), sodass Spuren des Stiftes auf diesem erscheinen. Diese können aus Schriftzeichen bestehen, aber auch aus jeder anderen Form der Aufzeichnung (z.B. Zeichnungen, Kritzeleien). Jede Körperhaltung, die diese Bewegung zulässt, ist möglich.	GrHArSTPPlr
G2	Arme vor dem Oberkörper verschränken	ein Unterarm liegt zum überwiegenden Teil über dem anderen Unterarm, beide Arme befinden sich nah am Oberkörper, die Hände liegen auf dem Unterarm, am Oberarm oder hängen nach unten (vgl. „Kreuzarme" bei Weinrich 1992: 107).	KARvOK

Das Beispiel zeigt einen Ausschnitt aus diesem für die Elementarnotation entwickelten Codebook.[78] In der ersten Spalte befindet sich die für die Elementarnotation gebildete Sigle zur Dokumentation des entscheidungszentrierten Akts, welcher in der zweiten Spalte benannt wird. In der dritten Spalte folgt eine Definition der empirischen Merkmale, anhand derer der Akt zu erkennen ist. Die vierte Zeile gibt ein Beispiel für eine Zusammenschau möglicher Siglen aus den verschiedenen Zeilen der Partiturnotation, die zum betreffenden entscheidungszentrierten Akt beitragen können.[79]

---

[78] Das Codebook kann im Internet unter: http://mikropolitik.zes.uni-bremen.de/Verbindlichkeit.html abgerufen werden.

[79] Diese Spalte ist nicht als Kodiervorschrift gedacht, sondern dient lediglich der beispielhaften Illustration. Eine umfassende Aufzählung aller Siglen der PN, die zur Sigle der EN werden können, ist nicht möglich: Anhand des Akts „Schreiben" lässt sich vorstellen, welche Bewegungen und Körperhaltungen zusätzlich möglich wären, ohne dem Akt seinen Wesenscharakter als „Schreiben" zu nehmen.

Elementaranalyse 63

Zur leichteren Orientierung innerhalb des Codebooks ist dieses – in Anlehnung an die Kategorien für Körpersprache aus der Partiturnotation – in einzelne Kapitel gegliedert. Die Siglen der Elementarnotation bestehen jeweils aus einem Buchstaben und einer Zahl. Der Buchstabe richtet sich nach der Zuordnung des Akts zu den Kategorien: Mimiken (M), Blicke (B), Gesten (G), Kopf- und Körperausrichtungen (K) und als zusätzliche Kategorie Verbundsegmente (V) für aus mehreren Zeilen der Partiturnotation zusammengesetzte Akte. Innerhalb dieser Kategorien sind die einzelnen nonverbalen Akte nummeriert. Sprachliche Elemente werden im Codebook nicht thematisiert.

Wie schon das Siglenverzeichnis, so muss auch das Codebook grundlegenden Anforderungen entsprechen. Um eine hohe Intercoderreliabilität zu erreichen, werden neben den Kodieranweisungen und den Erkennungsmerkmalen der Verbindlichkeitsrelevanz eines Aktes auch Erkennungsmerkmale für eine bestimmte Sigle detailliert und in ihren möglichen Ausprägungen beschrieben. Im Gegensatz zur Partiturnotation müssen hier jedoch auch Aspekte einer kontrollierten Interpretation einfließen. Eine Vollständigkeit der Kategorien ist durch die Möglichkeit der Erweiterung des Codebooks und die Trennschärfe durch die detaillierte Beschreibung und Abgrenzung der Segmente voneinander gewährleistet. Es muss dem Kodierenden möglich sein, sich anhand des Codebooks und der weiteren Anweisungen für einen Code zu entscheiden (vgl. Brosius/Koschel 2005: 150-157).[80] Das Codebook enthält jedoch keine Angaben zur Entscheidungszentriertheit eines Akts. Entscheidungszentriertheit und die Zuordnung als P-, A- oder C-Akt sind von anderen Äußerungen im Gremium abhängig. Es kann also nicht generell behauptet werden, dass jedes Kopfnicken ein (Teil eines) A-Akt(s) ist. Aus diesem Grund gibt das vorliegende Codebook lediglich Hinweise, wie bestimmte Akte, wenn sie als entscheidungszentriert identifiziert wurden, als Siglen abgekürzt in die Elementarnotation eingetragen werden.

Die auf entscheidungszentrierte Akte selektiv ausgerichtete Elementarnotation eröffnet vielfältige Möglichkeiten, kollektiv generierte Handlungsstrukturen innerhalb des Sitzungsverlaufs zu identifizieren. Anhand der Notation lassen sich viele Aussagen über eine analysierte Sequenz treffen. Abbildung 8 zeigt beispielsweise einen Ausschnitt aus einer Notation, in der eine Beschlussfassung ohne formales Abstimmungsverfahren erfasst wird.

---

[80] Diese für die Codebooks im Rahmen von Inhaltsanalysen vorgestellte Kriterien lassen sich auf Anforderungen an das Codebook übertragen, denn sie verfolgen ähnliche Qualitätsansprüche.

Abbildung 8: EN für eine Beschlussfassung
(Sequenzdauer: ca. 14 Sekunden)

Pers.		Akte der Entscheidungsfindung
1	t	°A_{2+}-----° °C_1--° C_2
	nv	A-B9K1$_+$ °C-G1--C-K15
2	t	°P_1-----°
	nv	P-B9V7K11 A-B3.12K1B3.5K5$_+$ °C-G1----------------------------°C-K11
3	t	°A_{1+}----------°
	nv	A-V4.2K1$_+$ A-B9K1$_+$ °C-G1----°
4	t	°A_{1+}--------°
	nv	A-B9K3$_+$ °C-G1---------------------------------°
5	t	°A_{3+}----------------°
	nv	°A-B3.2K11G2K1B1$_+$-----------------------°°C-G1--------
6	nv	A-B9$_+$ C-G41
7	nv	°C-G1----------------------------------°
8	nv	A-B8B1$_0$ °C-K8G3V5B7B2----------°
9	nv	A-B9$_0$ C-B7 °C-G1
10	nv	A-B9$_0$ A-B7B9$_0$ °C-G1-°
11	t	°A_{2+}----°
	nv	A-K1G10$_+$ A-G20B2$_0$
12	t	°A_{1+}-----°
	nv	A-B7B9B7$_+$ °C-G1------
13	nv	A-V7K1$_+$
14	nv	A-M9V5B2$_0$ A-M6B2$_0$
15	nv	A-B3.2B9$_0$ °C-G1-----------------------------------°
Zeit/s		0--------3---7-------------14

Gesprochener Text:
P_1: Aus praktischen Gründen (b) schlage ich vor, wir schreiben: ,dem Vorstand'(P1)
A_1: Dem Vorstand – ja.
A_2: Vorstand
A_3: Dem Vorstand vorzulegen. Fertig.
C_1: Dem Vorstand.
C_2: OK.

Elementaranalyse

Legende nonverbaler Akte:			
B1	= Schweifblick	G 41	= hörbares Fingertappen
B2	= Schweifblick nur mit Augen	K1	= Kopfnicken
B3	= Blick zu anderer Person	K3	= Kopfschütteln als Selbst-
B7	= Aufblicken zur Sitzungsleitung		korrektur
B8	= Blick zur Sitzungsleitung	K5	= Schulterzucken mit Armeinsatz
B9	= Blick zum Papier	K8	= Senken des Kopfes
G1	= Schreiben	K11	= sich aufrichten
G2	= Arme verschränken	K15	= sich zurücklehnen
G3	= Händeringen	M6	= Stirnrunzeln
G10	= Zeigebewegung mit gestrecktem Arm	M9	= lautloses Sprechen
		V4	= Hinwendung zu anderer Person
G20	= Kopf in Hände stützen	V5	= Kopf auf Hände gestützt
		V7	= tief einatmen

In der linken Spalte von Abbildung 8 sind die Personen untereinander in der Reihenfolge ihrer Sitzplätze, die auch der Reihenfolge der Partiturnotation entspricht, aufgeführt. Die zweite Spalte ist der Notation der jeweils zur Person zugeordneten entscheidungszentrierten Akte gewidmet. Person 2 beginnt mit dem durch P_1 gekennzeichneten Proposal: „Aus praktischen Gründen schlage ich vor, wir schreiben: ‚dem Vorstand'". Dieses Proposal wird durch die nonverbalen Akte „B9V7K11" gestützt: der Vorschlagende blickt zum Papier, atmet tief ein und richtet sich auf. Interpretationsprobleme bereitete der von Person 14 geäußerte A-Akt: „A-M9V5B$_{20}$", bestehend aus lautlosem Sprechen, Stützen des Kopfes auf die Hände und Schweifblick mit den Augen. Wie lässt sich dieses lautlose Sprechen einordnen? Es könnte sowohl eine Äußerung der Zustimmung zum Proposal als auch der Ablehnung des Proposals sein, oder aber auch eine vom gerade beratenen Sachverhalt völlig unabhängige Äußerung. In einer Fallbesprechung wurde von den Kodierenden entschieden, den Akt aufzunehmen und als neutrale Stellungnahme zum Proposal zu werten. Die Notation in Abbildung 8 zeigt, dass die Phasen von Proposal über Acceptance zur Confirmation nicht klar voneinander abzugrenzen sind. Während Person 1 noch ihr Proposal hervorbringt, signalisiert Person 11 bereits Zustimmung. Aber auch der zeitlich versetzte Übergang der Acceptance-Phase zur Confirmation-Phase ist gut zu erkennen. Die Dauer von Akten wird durch „°----°" gekennzeichnet, wenn sie für das Zusammenspiel der Akte interessant ist, wie etwa bei längeren verbalen Akten oder den unterschiedlich einsetzenden und unterschiedlich lang andauernden Schreibpraktiken (G1) verschiedener Akteure. Das Beispiel verdeutlicht zudem die Vorteile einer flexiblen Zeitachse.[81]

---

[81] Da zwischen Sekunde 3 und Sekunde 7 sehr viel Interaktionsgeschehen zu notieren ist, wurde diesem Zeitraum mehr Platz in der Elementarnotation eingeräumt. Da zwischen Sekunde 7 und 14

Zum Erstellen der Elementarnotation bietet es sich an, beim ersten Proposal anzufangen und von dort ausgehend jeweils für jeden der Akteure zu entscheiden, welche seiner Akte entscheidungszentriert sein könnten. Ist ein Akt als entscheidungszentriert identifiziert, wird er in die Notation aufgenommen und dort als P-Akt, A-Akt oder C-Akt gekennzeichnet.

Abbildung 9: Beispiel für einen Ausschnitt aus dem Kodierprotokoll

Pers	Zeitpunkt	PN-Code	Interpretation	EN-Code
1	FB5 (Part 36, 3:33min) KOou (Part 36, 3:45min)	°FB 5-------- KOou- --HÄ auf TI--------- --NA BNx ------- -	Die Auf- und Abwärtsbewegung des Kopfs erfolgt genau zu dem Zeitpunkt, da Person 5 einen Vorschlag zu Ende formuliert hat, und wird deshalb als Nicken interpretiert. Der bereits früher ansetzende und andauernde Fixierblick auf Person 5 verstärkt den Eindruck, dass es sich bei diesem Akt um eine positive Zustimmung zum Proposal von Person 5 handelt. Die andauernde Positionierung beider Hände auf dem Tisch sowie die Normalausrichtung mit gekreuzten Beinen werden nicht als entscheidungsrelevant erachtet, weil sich weder ein Zusammenhang mit dem A-Akt von Person 1 noch mit Akten anderer Personen erkennen lässt und die Position selbst nicht als entscheidungszentrierte Äußerung gewertet werden kann.	A-B1K1+
1	FBPP (Part 125, 28:14 min) GrHArSTouPPlr (Part 125, 28:16 min)	°FB PP-------------- ---GrHArSTouPPlr- --NA°°NAv---------	Nach P3s C-Akt: „Damit ist die Vereinbarung einstimmig angenommen" fixiert P1 das vor ihr liegende Papier, greift dann zum Stift und bewegt diesen auf dem Papier hin und her. Dies wird als Vermerken des Ergebnisses der Abstimmung interpretiert. Dadurch bekräftigt P1, dass sie das Abstimmungsergebnis und den verbalen C-Akt von P3 anerkennt. Das Vorbeugen des Oberkörpers aus der Normalausrichtung wird als Teil dieses Schreibens interpretiert. Der Blick auf das Papier unterscheidet die Art des Schreibens von Akteuren, die sich während ihres Schreibens an anderen Akteuren orientieren, und wird aus diesem Grund gesondert (als B9) notiert.	C-B9G1

nur wenige neu einsetzende entscheidungszentrierte Akte auftreten, kann dieser Zeitraum verkürzt dargestellt werden.

Elementaranalyse

Um die Transparenz des Kodierens zu erhöhen, kann zusätzlich für jede ausgewertete Sequenz ein *Kodierprotokoll* erstellt werden, in dem der Kodierende seine Interpretationen für jeden als entscheidungszentriert identifizierten Akt offen legt und damit für andere Forscher nachvollziehbar macht. Jeder Interpretationsschritt zur Auswahl eines entscheidungszentrierten Akts wird dann in einem gesonderten Protokoll in Form einer fünfspaltigen Tabelle dokumentiert. In der ersten Spalte wird zunächst der Akteur notiert und in der zweiten Spalte der Zeitpunkt, an dem der jeweilige Akt im Filmmaterial auftritt. Die dritte Spalte gibt den betreffenden Ausschnitt der Partiturnotation wieder. In der vierten Spalte wird die Entscheidungszentriertheit des Akts begründet und in der fünften Spalte der ausgewählte Akt in der Form seines Erscheinens in der Elementarnotation abgebildet. Diese Spalte beschreibt auch die Klassifikation des Aktes als P, A oder C und für A-Akte seine Interpretation als positiv, negativ oder neutral.

Als Ergebnis der Elementaranalyse liegt so zusätzlich zur Elementarnotation ein Protokoll des Kodiervorgangs vor, das alle entscheidungszentrierten Akte der anwesenden Gremienmitglieder enthält und die Auswahl des Kodierenden begründet. Das Kodierprotokoll kann zusammen mit der Elementarnotation gelesen werden, um zu erkennen, warum bestimmte Akte ausgewählt und mit einer bestimmten Bewertung kodiert wurden. Es kann aber auch zum Abgleich zwischen Elementar- und Partiturnotation verwendet werden um zu klären, warum bestimmte Siglen nicht mehr in die Elementarnotation aufgenommen wurden. Auf diese Weise ist Transparenz gewährleistet, weil jeder Kodierschritt dem Leser nachvollziehbar gemacht wird. Das Kodierprotokoll ist insbesondere zur Vorbereitung von Fallbesprechungen der Kodierenden geeignet, um über strittige Akte zu entscheiden. Es kann aber auch zur Überprüfung der Intercoderreliabilität genutzt werden.

7. Prozessanalyse und Visualisierung

7.1. Entscheidungsverläufe

Der Ablauf eines Tagesordnungspunktes im Rahmen einer Sitzung ist oft nicht gradlinig in dem Sinne, dass der Präsentation eines Proposals dessen Akzeptanz und die anschließende Bekräftigung durch alle Teilnehmer/innen folgen. Vielmehr findet sich eine Mehrzahl von Vorschlägen und Akzeptanzbekundungen, die ineinander greifen und so ein komplexes Netzwerk aus Akten ergeben. Zum Beispiel muss damit gerechnet werden, dass auf eine Beschlussvorlage, die gewöhnlich in den Sitzungsteil einführt, eine verhältnismäßig lange Diskussionsphase folgt, in der Änderungsvorschläge und neue Vorschläge eingebracht werden und vor allem auch kollektiv erarbeitet werden müssen.
Die Prozessanalyse widmet sich diesen Abläufen. Sie
- untersucht den Verlauf von Tagesordnungspunkten und Sequenzen,
- interessiert sich für Abfolgen von Proposals, Acceptance-Akten und Confirmation-Akten,
- abstrahiert gegenüber der Elementaranalyse von der Zuordnung der Akte zu Personen.

Die Grundform P-A-C wird in der Empirie oft unterbrochen und andere auftretende Muster, wie beispielsweise PA-PA-Sequenzen, können wichtige Informationen zur Entscheidungsfindung in Gremien liefern –spielen sich doch entscheidende Entwicklungen oft im Vorfeld eines zur Beschlussfassung führenden PACs ab. Gewöhnlich gibt es zahlreiche Abfolgen von Proposal und Acceptance ohne Vollendung in einem Confirmation-Schritt. So werden Vorschläge abgelehnt oder durch Gegenvorschläge aus der Diskussion gedrängt. Es können auch Sequenzen von A-Akten folgen, in denen Vor- und Nachteile eines Vorschlags diskutiert werden bzw. in denen ein Vorschlag über nicht weiter begründete Folgen von Befürwortungen, Drohungen und Appellen modifiziert wird. Modifizierte Vorschläge treten meist nach einer Phase von positiven und negativen A-Akten auf und dienen als Kompromiss, um für Teile des Proposals eine breite Zustimmung gewinnen zu können. Sie können aber auch Folge eines Einwandes sein, dem eine Mehrzahl der Gremiumsmitglieder zustimmt.

Denkbar ist auch, dass Zwischenentscheidungen fallen. Diese treten in Gestalt von *Sub-PACs* auf, die dem letztlich gefundenen modifizierten P vorausgehen und im abschließenden C-Akt bestätigt oder rückgängig gemacht werden müssen. Ein Sub-PAC ist eine Form einer *entscheidungsrelevanten Sequenz*, in der ein spezifischer Teil oder Aspekt eines Vorschlags innerhalb der Acceptance-Phase bereits geregelt wird, bevor es zur Bekräftigung eines übergreifenden Proposals kommt. Die Einbindung eines Sub-PACs könnte beispielsweise folgende Abfolge ergeben:

Abbildung 10: Beispiel Sequenzdiagramm

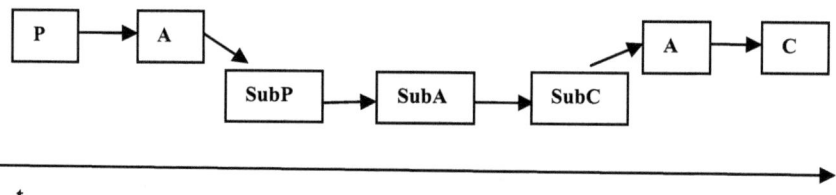

Im Unterschied zu PA-Sequenzen findet bei einem Sub-PAC – auch ohne formelle Abstimmung – eine kollektive Bekräftigung statt, bestimmte Aspekte eines Vorschlags anzunehmen oder auszuschließen. Sowohl PA-Sequenzen als auch solche Sub-PACs können den Entscheidungsprozess vorantreiben.

Im Rahmen der Prozessanalyse können typische Sequenzen der Entscheidungsfindung entdeckt und mit anderen verglichen werden. Eine Abstraktion vom Inhalt des Tagesordnungspunktes, den Personen in einem Gremium und weitestgehend auch von zeitlichen Relationen legt die Sicht auf Prozesse frei, die sonst wahrscheinlich nicht in die Analyse einbezogen würden. Die Prozessanalyse widmet sich dem Verlauf der Entscheidungsfindung in ihrer Gesamtheit. Deshalb wird zum Beispiel auf das Erfassen der Anzahl der Personen, die sich in Form von Acceptance-Akten für oder gegen einen Vorschlag ausgesprochen haben, verzichtet. Dies geschieht zugunsten der Konzentration auf die Frage, ob ein Vorschlag angenommen, verändert oder abgelehnt wurde und ob es negative oder positive Äußerungen zu diesem Vorschlag gab. Einzelne Acceptance-Akte mit gleicher Grundhaltung zum Proposal werden zusammengefasst, ebenso zeitlich lang andauernde Ketten von Zustimmungen und Ablehnungen.

7.2 Visualisierung von Entscheidungsverläufen

Eine Visualisierung von Gremien*prozessen* kann weder durch die Partiturnotation noch durch die Elementarnotation geleistet werden. Sie erfolgt in einer eigenen Darstellungsform, die neben dem Sequenzdiagramm vor allem das *Prozessdiagramm* umfasst. Das Prozessdiagramm dient sowohl der Darstellung von Forschungsergebnissen als auch der weiteren Analyse. Während die Visualisierung statischer Strukturen, wie beispielsweise von Akteursnetzwerken (Krempel 2005) oder sozialen Räumen (Hermann/Leuthold 2003), auf teilweise sehr elaborierte Formen zurückgreifen kann (Meier 2006; Mandl/Fischer 2000), sind zur Visualisierung von Prozessen in den Sozialwissenschaften nur wenige Ansätze dokumentiert.[82] Ertragreich kann deshalb ein Blick in andere Disziplinen – wie die Informatik oder die Geographie – sein, die sich seit längerem mit der Darstellung komplexer Modelle befassen. Beispielhaft für die Kooperation zwischen Disziplinen ist die Sozionik. Hier werden soziale Strukturen und Prozesse mit Hilfe einer Kombination aus Ansätzen der Soziologie und der Informatik modelliert (Lüde u.a. 2003). Die akteursbasierte Modellierung berücksichtigt dagegen verschiedene Einflüsse auf die Entscheidungsfindung von Individuen (Panebianco/Pahl-Wostl 2006).

Welche Kriterien aber gibt es für eine gute Visualisierung? Die zu entwickelnde Darstellungsform sollte einerseits illustrierend, leicht verständlich und übersichtlich sein, aber dennoch genügend Informationen enthalten, um die weitere Datenanalyse zu unterstützen. An Visualisierungen wird das Gütekriterium der *Effektivität* gestellt: „Visualisierungen sind umso effektiver, je spontaner (schneller) die dargestellten Sachverhalte von einem Beobachter entschlüsselt (gelesen) werden können" (Krempel 2005: 31). Aber Visualisierungen unterscheiden sich darin, welchen Aspekt eines Forschungsergebnisses sie betonen und herausstellen. So kann für die Zwecke der Entscheidungsanalyse die Zeitdimension akzentuiert werden oder aber das Ausmaß der Annäherung eines Diskussionsbeitrages an das Endergebnis. Eine weitere denkbare Möglichkeit wäre auch der Grad der sachlichen Nähe zwischen den einzelnen Beiträgen in ihrem Weg hin zu einer abschließenden Entscheidung.

Für die Visualisierung von Verläufen gremieninterner Entscheidungsfindung wurden daher mehrere Prozessdiagramme entwickelt. Mit der Elementar-

---

[82] Im politikwissenschaftlichen Teilgebiet „Internationale Beziehungen" werden beispielsweise Abläufe internationaler Verhandlungen visualisiert, um einen Überblick über formale Sequenzen oder das Einbringen von Beiträgen einzelner Akteure zu schaffen (Thurner/Kroneberg/Stoiber 2003). In diesen Ansätzen werden Prozesse auf wenige wesentliche, durch Pfeile verbundene Ausschnitte reduziert. Die meisten Modelle sind lediglich zur Darstellung wenig komplexer Verläufe geeignet oder leiden unter einer stark verkürzten Darstellung.

notation lassen sich zwar kürzere Abläufe von entscheidungszentrierten Interaktionen (Sequenzen) verdeutlichen. Sie ist jedoch zur Übersicht über die Abläufe kontrovers diskutierter Tagesordnungspunkte aufgrund ihrer detaillierten Berücksichtigung aller entscheidungszentrierten Akte zu kleinteilig. Ein Prozessdiagramm bietet auf der Ebene einzelner Tagesordnungspunkte eine Zusammenschau der zentralen Akte und damit eine weitere prozessorientierte Verdichtung der elementaranalytischen Notation. Einzelne Akte werden beispielsweise zu Phasen der Zustimmung oder der Ablehnung zusammengefasst und von ihrer Ausdrucksform abstrahiert. Wege zur Entscheidungsfindung werden durch diese Art der Darstellung transparent gemacht. Prozessverläufe können so miteinander verglichen werden. Zudem wird die Identifikation idealtypischer Prozesse oder Prozessphasen unterstützt.

Abbildung 11: Prozessdiagramm, Treppenvariante

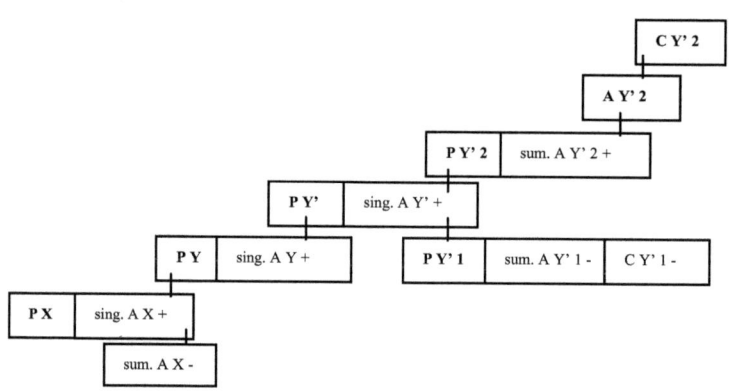

Abbildung 11 zeigt ein Prozessdiagramm für einen typischen Ablauf eines Tagesordnungspunktes in einem Gremium. Der Grad der Annäherung an die gemeinsame Entscheidung lässt sich auf einer imaginären Y-Achse ablesen. Ausgehend von Proposal X folgt zunächst eine Phase singulärer und summierender A-Akte. In der Darstellung wird von Personen abstrahiert, „sing. AX+" kann hier mehrere positive A-Akte zusammenfassen oder auch nur für einen A-Akt stehen. Eine Abstraktion von Personen und einzelnen Akten schafft die nötige Übersicht um zu erkennen, dass in diesem Fall Proposal Y nach zweimaliger Modifizierung entschieden wurde, während Proposal X gleich zu Beginn abgelehnt wurde.

Diese Art der Darstellung folgt zunächst dem Gebot der Übersichtlichkeit. Die enthaltenen Elemente umfassen in konzentrierter Form die für die Prozessanalyse essenziellen Informationen. Nicht nur einzelne Akte, sondern Sequenzen, die die Phasen einer Entscheidung und deren Ausgang kennzeichnen, werden sichtbar gemacht. Um den Verlauf von PACs, Sub-PACs und unabgeschlossenen Sequenzen nachvollziehen zu können, wurden die einzelnen Phasen miteinander verbunden. Modifizierte Proposals erhalten zusätzlich zum Buchstaben ihres Ausgangsproposals eine Kennzeichnung als modifiziert: „PY'". Wird ein Proposal, wie in diesem Beispiel das modifizierte Proposal Y', in Form verschiedener Varianten ausdifferenziert, werden die verschiedenen Versionen nummeriert („PY'1" und „PY'2"). Wird ein modifiziertes Proposal erneut modifiziert, erhält die neue Modifikation die Bezeichnung „PY'''". Des Weiteren wird die Unterscheidung der singulären und der summierenden Acceptance verzeichnet, indem „sum." bzw. „sing." vor das für Acceptance stehende „A" gestellt wird.

Aber auch andere Versionen des Prozessdiagramms sind denkbar, wie beispielsweise die folgende Pfeildarstellung:

Abbildung 12: Prozessdiagramm, Pfeildarstellung

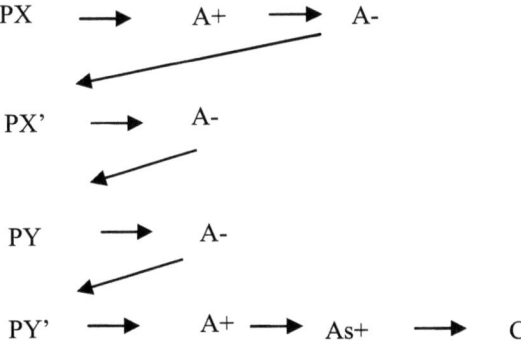

Der Bezug von Proposal, Acceptance und Confirmation zueinander ist hier entlang der Pfeilrichtung abzulesen. Modifizierte Proposals erhalten zur Kennzeichnung ein „'", während neue Proposal durch ihre Nummerierung zu erkennen sind. Diese Darstellung ist für einfache Verläufe geeignet. Sie kann beispielsweise Rückbezüge auf frühere Proposals nicht berücksichtigen und zeichnet den zeitlichen Verlauf der Entscheidungsfindung nur grob – entlang der Pfeilrichtung – nach.

Eine ausführlichere Darstellungsform bietet Abbildung 13. Diese modulare Variante erlaubt es, Rückgriffe auf vorangegangene Proposals oder Acceptance-Akte darzustellen und durch Beschriftung der Pfeile bestimmte Vorgänge zu konkretisieren. Vom zeitlichen Verlauf abstrahiert diese Darstellung zugunsten der Übersichtlichkeit. Hier erscheinen alle neu eingebrachten Proposals untereinander, während sich das modifizierte Proposal, welches am Ende angenommen wird, weiter rechts befindet. Durch diese Darstellungsform treten Modifikationen und ihre Grundlagen deutlicher hervor.

Abbildung 13: Modulares Prozessdiagramm

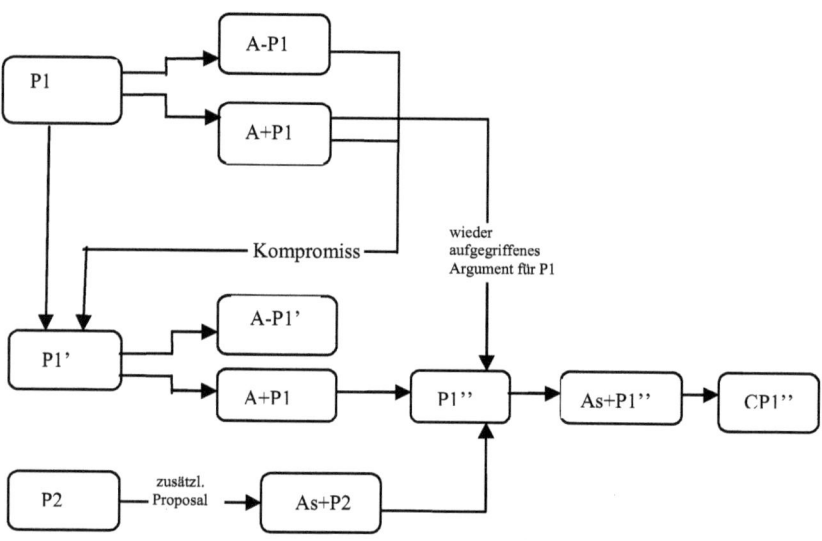

Das Prozessdiagramm kann den Forscher zu weitergehenden Fragestellungen führen oder bei der Bearbeitung aufkommender Fragen unterstützen. Da sich entscheidende Entwicklungen oft im Vorfeld des schließlich zur Beschlussfassung führenden PACs abspielen, werden sie in den Unterpfaden des Prozessdiagramms abgebildet. Die Darstellung kann bei der Untersuchung verschiedener Unterpunkte beispielsweise zu folgenden Fragen führen: „Warum kam es bei Proposal X zu einer Ablehnung, während Proposal Y modifiziert wurde?" oder: „Wieso konnte erst nach einer zweiten Phase der Modifizierung eine Mehrheit für ein Proposal gewonnen werden?". Die Prozessanalyse bietet so auch eine gute Grundlage zum Vergleich von Gremienkulturen. Mit ihr können Stile der Entscheidungsfindung in Gremien auf einem formalen Weg beschrieben und verglichen werden.

8. Beispiel

Das folgende Kapitel soll dazu dienen, die Anwendung der skizzierten Methode an einem konkreten Beispiel vorzuführen. Das gewählte Beispiel ist Teil der Analyse einer Gremiensitzung auf Länderebene, es entstammt einer Ausschusssitzung im Parlament eines Bundeslandes. Die Analyseeinheit ist ein Tagesordnungspunkt, dessen Gesamtlänge 29 Minuten beträgt. 18 Gremienmitglieder sind während der Beratung des Tagesordnungspunktes anwesend.

Das Beispiel ist in dreifacher Hinsicht besonders instruktiv:
1) Es beinhaltet kein reines Routineverfahren. Die untersuchten Abläufe bewegen sich vor dem Hintergrund einer *Optionenoffenheit*, das heißt einer relativen Offenheit möglicher Handlungsalternativen.
2) Der ausgewählte Tagesordnungspunkt weist in seinem Gesamtverlauf, auch deutlich vor der endgültigen Entscheidungsfindung, *entscheidungsrelevante Sequenzen* auf.
3) Das Beispiel beinhaltet eine gemeinsame Entscheidungsfindung, die sich *ohne formelle Abstimmung* vollzieht.

Der untersuchte Tagesordnungspunkt setzt mit der Darstellung eines „Sachstands" ein („Von Abgeordneten angeforderte schriftliche Berichte"). Den Gremienmitgliedern liegt zu Beginn des Tagesordnungspunktes (im Folgenden: TOP) der besagte Bericht schriftlich vor. Es gibt aber keine vorgefertigten oder ausformulierten Anträge oder Vorschläge, die eine mögliche Handlungsoption des Gremiums im Hinblick auf den zu diskutierenden Sachverhalt umreißen und konkretisieren. Der Entscheidungskontext kann in zweifacher Hinsicht als optionenoffen (Pritzlaff 2006) charakterisiert werden: 1) Es ist offen, ob überhaupt aus diesem TOP eine außenwirksame Handlung des Gremiums resultiert. Die minimale Handlungsanforderung, die an das Gremium in dieser Sache gestellt wird, ist die „Kenntnisnahme" des Berichts. 2) Es ist offen, welche – über die reine Kenntnisnahme hinausgehenden – inhaltlichen Wahlmöglichkeiten es gibt beziehungsweise wie konkrete Handlungsoptionen bezüglich dieses Sachverhalts aussehen könnten.

Im Verlauf der Beratungen werden zunächst zwei Proposals vorgebracht, die *vorschlagen* (Proposal X) beziehungsweise *fordern* (Proposal Y), dass das Gremium den Bericht nicht nur zur Kenntnis nimmt, sondern darüber hinaus in der Sache „nach außen" aktiv wird. Allerdings umreißen sie unterschiedliche

Handlungsoptionen. Die entsprechende Sequenz wird im Folgenden als Beispielsequenz A bezeichnet. Sie dient – neben zwei weiteren Sequenzen – dazu, die Identifikation entscheidungsrelevanter Sequenzen zu verdeutlichen. Sequenz A tritt in Minute 6 nach Beginn des TOPs im Material auf. Die beiden anderen Beispielsequenzen, Sequenz B und Sequenz C, finden sich am Ende des TOPs. Die endgültige Festlegung auf eine bestimmte Handlungsoption erfolgt ohne Abstimmung per Handzeichen. Das Zustandekommen der gemeinsamen Entscheidung ohne formalisiertes Verfahren kann an den beiden Sequenzen verdeutlicht werden, die aus Minute 27 (Sequenz B) und Minute 29 (Sequenz C) des Transkripts stammen.

8.1. Die audiovisuelle Datenerhebung

Die Sitzanordnung der Gremienmitglieder während der Gremiensitzung, in der die hier beispielhaft analysierten Daten erhoben wurden, war u-förmig. Der Sitzplan (Abb. 14) zeigt, welche Gremienmitglieder von welcher Kamera erfasst wurden. Die Position der beiden anwesenden Forscherinnen wird durch die Kästchen A und B angezeigt.

Die Gremienmitglieder hatten feste Sitzplätze, während des TOPs kam es nicht zu größeren Veränderungen der Sitzordnung, wie sie beispielsweise dann auftreten können, wenn der TOP eine Powerpoint-Präsentation, eine Expertenanhörung oder Ähnliches beinhaltet. Zwei Gremienmitglieder verließen während der Beratung des TOPs kurz den Raum, einige der Mitglieder liefen für kurze Zeit im Raum umher, etwa, um sich Kaffee vom Buffet zu holen. Dadurch waren zwar nicht alle an der Beratung beteiligten Mitglieder durchgängig von Kameras erfasst, die Beeinträchtigungen der Datenerfassung durch diese kurzen, von individuellen Mitgliedern ausgeführten Aktivitäten waren aber begrenzt.

Beispiel

Abbildung 14: Sitzplan

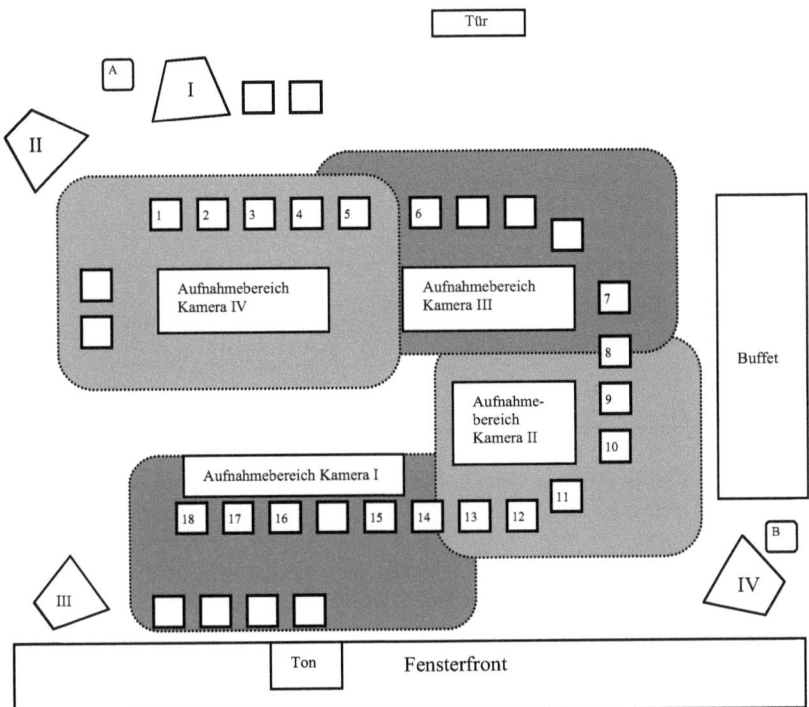

8.2. Die Datentranskription

Wie bereits dargestellt, liegt die besondere Herausforderung der Datentranskription darin, das gleichzeitige Auftreten verbaler und nonverbaler Äußerungen adäquat zu erfassen und dadurch eine fundierte Basis für die spätere Analyse bereitzustellen. Die ausgewählten Beispielsequenzen verdeutlichen das Wechselspiel aus verbalen und nonverbalen Äußerungen und deren Dokumentation in der Partiturnotation.

Abbildung 15 zeigt einen Ausschnitt aus der Partiturnotation der Beispielsequenz A.

Abbildung 15: Ausschnitt Partiturnotation, Beispielsequenz A

	Person 6
NT	Das kann natürlich dieses Gremium beschließen. Also Kenntnisnahme ist ein bisschen wenig.
GAT	das kann natürlich dieses Gremium beschlIEßen (2) <<p>a:1so> KENNTnisnahme is n bischn wenig,
M/B	°B13--°°Bu-------------------°°B8------------------
G	AR1üARr ARao PAHÄ ü TI z GrHArSTüTI °HÄuTI an STU --------------------------------------
K/K	NAv °NAz-----------------------------------°°NAvKOu OKv-----------°°OKzKOonzKO1----°°OKvz----

Legende:

AR = Arm	NA = Normalausrichtung	TI = Tisch	u = unten
B = Blick	OK = Oberkörper	l = links	ü = über/auf
GrHA = Greifhand	PAHÄ = Parallelhände	n = Neigung	v = vorne/vorwärts
HÄ = Hände	ST = Stift	o = oben	z = zurück
KO = Kopf	STU = Stuhl	r = rechts	a = nach außen
8, 13 = Person, auf die der Akt bezogen ist			

Diese Sequenz stellt einen speech-body-act dar, der den Endpunkt der Formulierung einer Forderung bildet. Diese Forderung wird im weiteren Verlauf der Analyse als Proposal interpretiert. In der Prozessanalyse (siehe Abbildung 18) wird dieses Proposal als Proposal Y bezeichnet. Es handelt sich um ein unmittelbar im Anschluss an das erste Proposal, Proposal X, geäußertes *Gegenproposal*. Die systematische Transkription der *redebegleitenden* nonverbalen Akte ermöglicht es zu dokumentieren, wie stark der *Sprecher*, der einem in Proposal X unterbreiteten *Vorschlag* mit einer *Forderung* begegnet, den Forderungscharakter seiner Aussage auch nonverbal zum Ausdruck bringt.

Doch auch die während eines Proposals von den *Adressaten* geäußerten, rein nonverbalen A-Akte werden systematisch erfasst. Abbildung 16 zeigt einen Ausschnitt aus Beispielsequenz B. Person 8 ist gerade dabei, ein Proposal vorzubringen, und konkretisiert in einem Satz, in welcher Form die vorgeschlagene Vorgehensweise in die Tat umgesetzt werden soll. Er untermauert seinen Vorschlag, „mit einer gemeinsamen Erklärung" öffentlich zu agieren, durch eine schwingende Bewegung mit den Händen, die an das Einsetzen der Stöcke beim Skifahren erinnert – eine Bewegung, die ausgeführt wird, um sich vorwärts zu bewegen. Person 18 reagiert auf diesen verbalen Vorstoß in Richtung einer gemeinsamen konkreten Handlung mit einer deutlich sichtbaren Vorwärtsbewegung der gestreckten Hände über den Tisch.

Abbildung 16

Person 8	
Normaltext	mit einer gemeinsamen Erklärung
GAT-Text	<<f> mit einer geMEInsamen erKLÄrung;>
Mimik/Blick	°Br--------------------------------°---------------°°Bgu------------
Gestik	°°SkiHÄ u TI------langsamer werdend° °GrHAr TA HAl u TI----------------
Kopf/Körper	°KOr--°°KOgu------------

Person 18	
Normaltext	
GAT-Text	
Mimik/Blick	--------------------------°°Bgu HÄ----------------°°B5----------------
Gestik	--------------------------°°PAHÄ gestreckt ü TI vz °°HÄ ü STUlehnen--
Kopf/Körper	--------------------------°°KOgu----------BNai------°°KO5------------
Zeit in s	0--4-

Legende:

B = Blick	HÄ = Hände	STU = Stuhl	i = nach innen	v = vor
HA = Hand	PAHA= Parallelhände	TA = Tasse	a = nach außen	z = zurück
BN = Bein(e)	SkiHA = Skifahrerhände	TI = Tisch	g = geradeaus	l = links
KO = Kopf	GrHA = Greifhand	ü = über/auf	u = unten/unter	r = rechts
5 = Person 5				

8.3. Die Elementaranalyse

Die Elementarnotation (Abbildung 17) zeigt einen Ausschnitt aus Beispielsequenz C, in der ohne formalisiertes Verfahren eine gemeinsame Entscheidung zustande kommt. Durch Nicken, Mitschreiben, vor dem Oberkörper verschränkte Arme und andere nonverbale Äußerungen sowie allgemeine Heiterkeit und Lachen bringen die Gremienmitglieder zum Ausdruck, dass der Sitzungsleiter, der das Proposal in seiner letzten, erneut modifizierten Variante vorträgt, im Namen aller Anwesenden spricht.

Zwei Minuten zuvor, in Beispielsequenz B, ist das Proposal bereits in einer fast identischen Fassung ausformuliert und durch summierende positive A-Akte der endgültigen gemeinsamen Festlegung zugeführt worden. In den verbleibenden zwei Minuten wird die gemeinsame Festlegung auf diese Art der Vorgehensweise nachträglich nochmals durch Erläuterungen zum Sachverhalt untermauert. Auf diese nachgeschobenen Erläuterungen folgt dann die nochmalige, leicht modifizierte Formulierung des Proposals, die im Ausschnitt aus der Elementarnotation (Abbildung 17) dargestellt ist.

Abbildung 17: Elementarnotation

Pers.		Akte der Verbindlichkeitsherstellung
1	nv	°C-G1----------°
2	nv	C-B8(12)
7	nv	C-K1
8	t	°P-T2----------------------°
	nv	°V7-° C-G53 °C-G66--------------° °C-K11B9------|
9	nv	C-K1B10
11	nv	C-B8(12)B9 °C-G1-----° C-G52 °C-B9G63---------|
12	nv	°C-B8(12)--------------° °C-B9---°
13	t	A-T1+
	nv	A-B8(12)+ C-K1 C-K11
14	nv	B9 K8 C-G67 °C-G1-----------|
16	nv	C-G2B8(12) C-B9B11
17	nv	C-B8B9 C-B9B6B9
18	nv	C-B8(12)B5
Zeit/s		0-----1-----2-----3-----4-----5-----6-----11-----12-----15-----17

Gesprochener Text:

T1: Okay
T2: Gut, wir schreiben einen Brief und ansonsten überlegen wir, wie wir wie die wie man den Druck, der offenbar notwendig ist, n' bisschen ...

Nonverbale Akte:

K1: Kopfnicken
K8: Senken des Kopfs
K11: Sich aufrichten
B5: Senken des Blicks
B6: Aufblicken
B8: Blick zur Sitzungsleitung
B9: Blick zum Blatt
B10: Wegblicken
B11: Unfixierter Blick

G1: Schreiben
G2: Vor dem Oberkörper verschränkte Arme
G52: Stift weglegen (hier: energisches wegschieben)
G53: Mit Händen (hier: seitlich aufgestellt) 1x laut auf Tisch hauen
G63: In Papieren blättern
G66: Trommelhände
G67: Zum Stift greifen (hier: sehr schnell)
V7: Tief einatmen

8.4. Prozessanalyse und Visualisierung

Das erste Proposal des 29minütigen TOPs wird zu Beginn der sechsten Minute vorgebracht. Dieses Proposal X ist ein Vorschlag, der dahin geht, die Regelung des Sachverhalts zu delegieren. Der Vorschlag bezieht sich dabei konkret auf ein anderes Gremium, dass in der Sache nach Einschätzung des Sprechers, der das Proposal äußert, zuständig ist. Auf das Proposal wird einerseits mit individueller Zustimmung reagiert und direkte negative Acceptance ist nicht zu beobachten. Andererseits wird jedoch im Anschluss das Proposal Y eingebracht, das als Forderung formuliert ist. Deren Kern besteht darin, dass das Gremium selbst aktiv werden *kann* und *sollte*, da es ebenfalls zuständig sei und dringender Handlungsbedarf bestehe. Wie aus dem Prozessdiagramm (Abbildung 18) zu erkennen ist, bleiben beide Proposals die gesamte Zeit in der Diskussion, werden allerdings mehrfach modifiziert. Auffällig ist zudem, dass bereits ziemlich früh, nach einer kurzen Diskussion darüber, *entweder* X *oder* Y (PX∨Y') in die Tat umzusetzen, ein neues Proposal formuliert wird, dass modifizierte Varianten von X und Y in einem Vorschlag kombiniert und damit X *und* Y fordert (PX'∧Y2). Das kombinierte XY-Proposal bleibt die zentrale Diskussionsgrundlage bis zum Ende des TOPs, an dem eine – erneut mehrfach modifizierte – XY-Proposalvariante mit einem C-Akt bestätigt wird (CP[Y2''∧X3]''). Das kombinierte XY-Proposal besagt im Kern, dass sowohl das Gremium selbst als auch andere Akteure, an die das Gremium die Regelung des Sachverhalts delegieren kann, zuständig sind und daher beide handeln *können* und dass sowohl das Gremium als auch andere Akteure in der Sache handeln *sollten*, da Handlungsdruck besteht.

 Die inhaltlichen Modifikationen, die nach dem Vorschlag PX'∧Y2 an beiden Teilen des Proposals – sowohl an der X- als auch an der Y-Komponente – noch gemacht werden, bevor das Ergebnis P[Y2''∧X3]'' bestätigt wird, bewegen sich vor allem auf drei Ebenen: 1) In welcher Form kann das Gremium praktisch aktiv werden?, 2) Mit welcher Begründung sollte das Gremium aktiv werden? und 3) Wann wird das Gremium aktiv und wie ist die Aufgabenverteilung der Gremienmitglieder bei der konkreten Umsetzung?

 Die in der Anfangssequenz noch strittige Frage, ob das Gremium überhaupt selbst aktiv werden *kann* (Zuständigkeit) ist ab dem Moment, in dem auf das kombinierte Proposal PX'∧Y2 mit summierenden positiven A-Akten reagiert wird, nicht mehr Gegenstand der Diskussion. Dieses Element der Y2-Komponente wird bereits in dieser Phase des Entscheidungsprozesses von allen akzeptiert. Die Frage, ob das Gremium in der Sache handeln *sollte*, und mit welcher Begründung, bleibt weiterhin Gegenstand der Diskussion. Daher erfährt die Y2-

Komponente vor ihrer endgültigen Bekräftigung noch leichte Modifikationen (Y2''). Die X-Komponente ist stärkeren Modifikationen unterworfen, da die Frage, *wer* außer dem Gremium selbst in der Sache zuständig ist und aktiv werden sollte, also an wen genau das Gremium in der Sache etwas delegieren kann und nach welchem Verfahren diese Aufgabendelegation ablaufen kann und sollte, größere Unklarheiten aufweist und zudem eine große Optionenoffenheit besitzt.

Abbildung 18: Prozessdiagramm

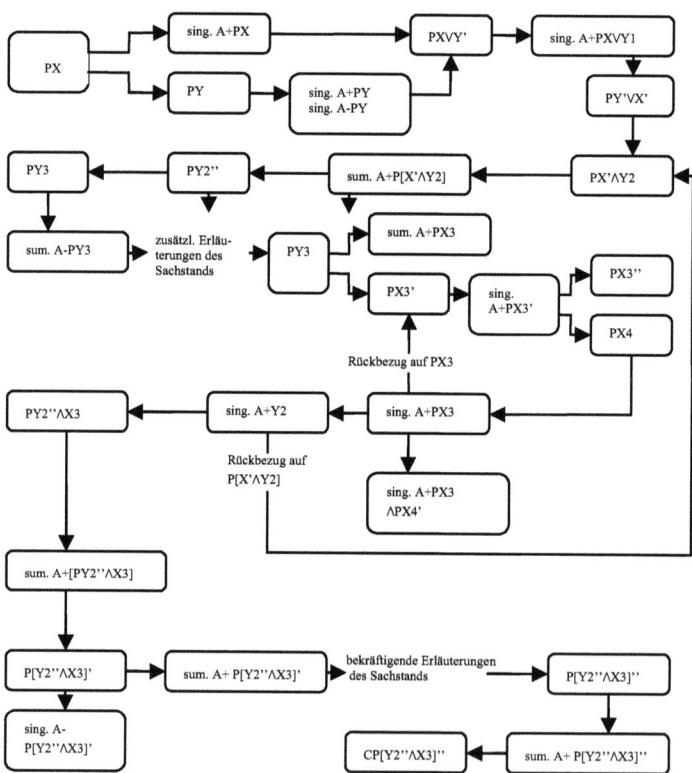

8.5. Sequenzanalyse

Das Prozessdiagramm liefert einen Überblick über den Gesamtverlauf der Entscheidungsfindung innerhalb des 29minütigen TOPs. Das Erkenntnisinteresse der Prozessanalyse umfasst jedoch gerade auch die Ebene entscheidungsrelevanter Sequenzen. Auch hier kann eine Visualisierung den Zusammenhang signifikanter Prozesselemente verdeutlichen.

Die Anfangssequenz des Prozessdiagramms, die Phase, in der Proposal X und Proposal Y in die Diskussion eingeführt werden, beinhaltet bereits eine entscheidende Weichenstellung für den Gesamtverlauf der Entscheidung. Der mit Proposal X eingeführte Vorschlag, die Regelung des Sachverhalts zu delegieren, und die in Form von Proposal Y erhobene Forderung, in der Sache selbst aktiv zu werden, treffen zunächst konfrontativ aufeinander.

Wie Abbildung 19 zeigt, stößt Proposal Y – die weiter gehende Forderung, selbst aktiv zu werden – zwar auf vereinzelte Zustimmung, aber auch auf Ablehnung. Die eher den Routinen entsprechende „kleinere Lösung" des Delegierens, die in Proposal X formuliert wird, ruft auf der Seite der Adressaten keine deutlich sichtbaren negativen A-Akte hervor.

Abbildung 19: Sequenzdiagramm

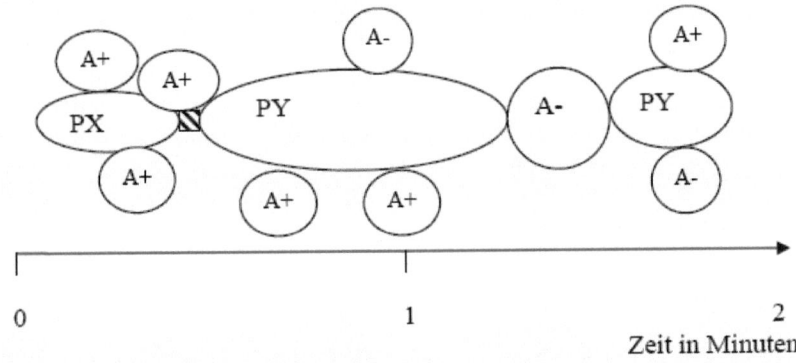

Die Gesamtdauer der dargestellten PA-Sequenz beträgt eine Minute und 53 Sekunden. Das Vorbringen des Vorschlags PX erfolgt durch eine Abfolge von speech-body-acts, die insgesamt 34 Sekunden dauert. Daraufhin erfolgt eine kurze Intervention des Sitzungsleiters (schraffierter Kasten) von etwa einer Sekunde, in der er den nächsten Redner aufruft. Dieser formuliert das Gegenproposal Y. Während seiner Ausführungen wird er nach 58 Sekunden von dem Teilnehmer, der Proposal X vorgebracht hatte, durch einen speech-body-act (negativer A-Akt) unterbrochen. Auch nach der Unterbrechung ruft sein Proposal vereinzelte, rein nonverbal geäußerte negative Reaktionen hervor.

Die Konfrontation wird zunächst dadurch leicht entschärft, dass im Anschluss in Form von PX∨Y' ein Vorschlag in die Diskussion eingebracht wird, der beide Optionen, X und Y, aufnimmt, wenn auch mit einer *oder*-Verknüpfung. Durch das dann folgende Proposal PX'∧Y2 wird die Konfrontation der beiden Anfangsproposals endgültig aufgelöst. In der unmittelbaren Folge konzentriert sich die Diskussion vor allem darauf, sich über die Dringlichkeit der Angelegenheit und den bestehenden Handlungsdruck zu verständigen. Die relativ weit gehende *Forderung*, die in Form der Y-Komponente des kombinierten XY-Proposals in der nun vorliegenden Entscheidungsgrundlage enthalten ist, muss offensichtlich durch Begründungen und Erläuterungen zum Sachstand weiter unterstützt werden. Die Phasen, in denen diese unterstützenden Erläuterungen und Erzählungen vorgebracht werden, nehmen einen großen Teil der nun noch folgenden Beratung in Anspruch.

Eine mögliche Erklärung für diesen massiven Bedarf an Begründungen und Rechtfertigungen kann darin gesehen werden, dass das Gremium mit der Forderung, selbst in der Sache aktiv zu werden, nun ein Proposal „auf dem Tisch" hat, das sehr weit über die (möglicherweise zumindest von einigen Mitgliedern erwartete) routinehafte bloße Kenntnisnahme eines Berichts hinausgeht.

Das hier gezeigte Beispiel verweist auf die Möglichkeiten, die das gezeigte Vorgehen bietet, um entscheidungsrelevante Sequenzen innerhalb eines Prozesses zu identifizieren und zueinander in Beziehung zu setzen. Ein nächster Schritt bestünde darin, die so aufgezeigten Sequenzen auf ihre Zuordenbarkeit zu generalisierbaren Typen zu prüfen.

9. Machtanalyse von Gremienprozessen

Ohne Zweifel interessiert an Entscheidungsprozessen insbesondere, ob und wie sich Macht in ihnen zur Geltung bringt. Der sozialwissenschaftliche Versuch, diesem Interesse nachzukommen, stößt sofort auf die Schwierigkeit, sich mit einer Fülle von Machtbegriffen auseinander setzen zu müssen. Man wird zunächst mit Max Weber unter Macht „jede Chance [verstehen], innerhalb einer sozialen Beziehung den eigenen Willen auch gegen Widerstreben durchzusetzen, gleichviel worauf diese Chance beruht" (Weber 1985: 28), um sogleich die Vernachlässigung struktureller Macht (Bachrach/Baratz 1977) zu beklagen. Man kann intransitive von transitiver Macht unterscheiden (Göhler 2004) oder eine ‚Mikrophysik der Macht' in der Tradition von Michel Foucault (1977a, 1977b) gegen einen juridischen oder repressiven Machtbegriff stellen. Näher an Fragen der Macht in politischen Entscheidungsprozessen reicht eine Vorgehensweise heran, die Macht in Gremien durch die politische Stellung der einzelnen Gremienmitglieder zu erklären sucht. Man rekurriert dann auf Organisationszugehörigkeiten, Ämter(häufungen) und institutionelle Verankerung, um eine Art Index der Machtressourcen zu entwickeln, die die politische Relevanz und potenzielle Mächtigkeit eines Akteurs ausmachen. Macht wird als Potenzial und Ressource angesehen. Die Mitglieder tragen diese in das Gremium hinein. Macht ist dann aber aus Sicht des Gremiums etwas Externes, das im Entscheidungsprozess mehr oder minder zur Geltung gebracht werden kann. Eine derartige Machtanalyse rückt den institutionellen Kontext eines Gremiums und die Stellung der Gremienmitglieder im politischen System insgesamt ins Zentrum.

Hier soll demgegenüber ein anderer Zugang gewählt werden: Macht wird verstanden als interne Größe des Gremienprozesses. Nur das, was sich im Gremium, in der Interaktion zwischen den Gremienmitgliedern, als Asymmetrie zeigt, wird als Macht erfasst. Macht wird hier weniger als eine Ressource oder ein Potenzial begriffen, sondern vielmehr eine Relation, etwas, was sich in der Interaktion entfaltet (Göhler 2004). Damit kehrt man zwar zu einem Weberschen Machtverständnis in mikrosoziologischer und mikropolitologischer Perspektive zurück, kann aber – das sollen die Schlussbemerkungen in diesem Kapitel verdeutlichen – Anschlüsse an eine Reihe von aktuellen Forschungslinien sichern. Die im Folgenden als *Interaktionsmacht* charakterisierte Auspragung von Macht kann mit Hilfe der bisher gewählten Instrumentarien und einiger zusätzlicher methodischer Schritte erfasst werden. Deshalb wird im Folgenden

- das Instrumentarium der Proposalbilanz als Hilfsmittel zur Identifikation von Machtbeziehungen eingeführt, um anschließend
- personale Machtverteilungen und
- Argumentationsmacht als zwei zentrale analytische Möglichkeiten der Machtuntersuchung in Entscheidungsprozessen vorzustellen.

Mit einem derartigen Ansatz der internen Machtanalyse wird keinesfalls ausgeschlossen, dass Akteure ihre gremieninterne Machtposition erreichen aufgrund ihrer politischen Stellung und Ämter (Positionsmacht). Es wird aber zunächst die Mikroperspektive der Untersuchung eines Entscheidungsprozesses im Gremium genutzt, um Machtrelationen zu identifizieren, statt von vornherein allein dem Kontext eines Gremiums Machteffekte zuzuschreiben.

9.1. Proposalbilanzen

Den Ausgangspunkt eines derartigen machtanalytischen Zugangs zu Entscheidungsprozessen bildet das schließlich verabschiedete, durch einen Confirmation-Akt als verbindlich bestätigte Proposal. Hiervon ausgehend lassen sich nun die Etappen seiner gremieninternen Entwicklung zurückverfolgen. Wo wurde es zuerst geäußert? Wo war es unterstützenden und ggf. ablehnenden A-Akten ausgesetzt? Wurden Phasen der Modifikation durchlaufen oder blieb es bis zum Ende in seiner ursprünglichen Form?[83] Im Rahmen der Prozessanalyse sind Antworten auf solche und ähnliche Fragen bereits erarbeitet worden. Das Prozessdiagramm dokumentiert das innerhalb der Sitzung verabschiedete Proposal, ggf. einschließlich der Anzahl seiner Modifikationen (vgl. Kapitel 8, Abb. 18, erfolgreiches P hier: $P[Y2''\wedge X3'']$) und auch die zentralen Stadien, die es bis zu seiner Verabschiedung durchlaufen hat. Solche Passagen bestehen typischerweise aus einem Wechselspiel zwischen P- und A-Akten, d.h. Vorschlägen, Stellungnahmen, Gegenvorschlägen etc., oder auch aus Sub-PACs – Letzteres dann, wenn ein Änderungsvorschlag oder gar ein neues Proposal im Vorfeld der eigentlichen Beschlussfassung konfirmiert wird.

Um dieses Wechselspiel von Proposal- und Acceptance-Akten zu erfassen, können, unter Nutzung von Prozessdiagramm und Elementarnotation, *Propo-*

---

[83] Diese Fragen deuten die Möglichkeit an, das hier vorgestellte Verfahren auch im Sinne einer *Ohnmachts*-Analyse anzuwenden. Gefragt und analysiert werden müsste dann: Warum hat sich ein bestimmtes P nicht durchgesetzt? Wer hat es auf welche Weise vorgebracht? Wie reagierten die anderen Gremienmitglieder etc.?

salbilanzen erstellt werden. Für jeden einzelnen Vorschlag wird die Anzahl der zustimmenden, abschlägigen und unentschiedenen Acceptance-Akte aufgelistet. Wenn erst später im Diskussionsverlauf auf einen vor längerer Zeit eingebrachten Vorschlag X zurückgegriffen wird, ist auch diese Stellungnahme noch in der Proposalbilanz von X aufzuführen. Diese *Einzelbilanzen* lassen erkennen, wie viel Zustimmung ein bestimmter Vorschlag unmittelbar während seiner Äußerung und in der anschließenden Diskussion erhalten hat. Sie können getrennt für alle Proposals, die als Vorstufen zum verabschiedeten Entscheidungsvorschlag zu betrachten sind, und für die Vorschläge, die keine Berücksichtigung in der Entscheidung gefunden haben, gegenübergestellt werden.

Einzelbilanz PX
PX
4 x A+
2 x A-
1 x A0

Die Proposalbilanzen geben nur an, welche Vorschläge mehr oder weniger Zustimmung erhalten haben, d.h. sie geben eine Beschreibung des Akzeptanzgrades eines Vorschlages. Die Bilanzen können nun untereinander und mit der Zustimmung zum schließlich verabschiedeten Entscheidungsvorschlag verglichen werden. Dabei kann sich durchaus herausstellen, dass der verabschiedete Vorschlag zunächst weniger Zustimmung erhielt als ein anderer Vorschlag, oder dass es zunächst mehr Zustimmung zu den Gegenvorschlägen gab als zu den Vorschlägen jenes Pfades, der sich schließlich durchsetzte etc. Weicht die Durchsetzungsfähigkeit eines Vorschlages von dem Akzeptanzgrad ab, kommen mithin nicht die Vorschläge mit der höchsten Akzeptanz zur Entscheidung, wirft dies Fragen nach den Gründen dafür auf. Und wenn diese Inkongruenz nicht vorliegt, ist die grundlegende Frage zu klären, warum bestimmte Vorschläge mehr oder weniger Zustimmung erhalten. Zwei Antworten lassen sich auf diese Fragen finden: Man kann das Ergebnis eines Entscheidungsprozesses – ein bestimmtes Proposal hat die Zustimmung des Gremiums erhalten – auf Personen oder auf Begründungen bzw. auf Argumente zurechnen. Diese beiden Aspekte interaktiver Macht – *personale Macht* und *Argumentationsmacht* – sollen im Folgenden unterschieden werden.

9.2. Personale Machtverteilung

In der Untersuchung der personalen Macht im Entscheidungsprozess geht es um die Identifikation der Personen, die mit Blick auf die Fortführung oder Änderung des letztlich erfolgreichen Proposals in besonderem Maße beteiligt waren. Gegenüber einer bloßen Analyse der Verteilung von Redebeiträgen bietet die hier gewählte Strategie der Erhebung verbaler und nonverbaler Akte die Möglichkeit, auch die Beteiligung am Gremiengeschehen durch stumme Akte der Zustimmung und Ablehnung zu erfassen. Mit Hilfe der Elementarnotation kann leicht festgestellt werden, welche Personen überhaupt ein P oder eine P-Modifikation formuliert und Acceptance-Akte eingebracht haben. Auf diese Weise lässt sich auch eine erste Mengenverteilung der Beteiligungen (P- und A-Akte) am Entscheidungsprozess und eine Art Aktivitätsbilanz für jede einzelne Person anfertigen. Bei Personen, die relativ zu anderen Gremienmitgliedern sehr niedrige Beteiligungsgrade aufweisen, ist zu vermuten, dass sie keine größere Interaktionsmacht im Gremium entfalten. Eine Ausnahme bildet der Fall, dass eine einzige Intervention einer solchen Person von den anderen Gremienmitgliedern als entscheidend und ausschlaggebend wahrgenommen wird. Dieser Fall müsste sich aber anhand der Reaktion der anderen Teilnehmer auf diese entscheidende Intervention auf der Ebene der Elementarnotation identifizieren lassen. Aber derartige Aufstellungen zu der Menge an Aktivitäten sagen vor allem nichts aus über die Machtbeziehungen, die zum positiven Entscheid über einen Vorschlag geführt haben. Es interessiert aber gerade, welchen Personen es gelungen ist, ein bestimmtes Proposal zum Beschluss zu erheben.

Folglich kommt es darauf an, jene Personen zu identifizieren, die ein erfolgreiches P bzw. eine erfolgreiche P-Modifikation formuliert und mit ihren Acceptance-Akten das Gremiengeschehen in eine bestimmte Richtung gelenkt haben. Auch hier liefert die Elementarnotation die erforderlichen Informationen. Um den Bezug zwischen Akten einer Person und den Vorschlägen herzustellen, werden jedem Proposal und jedem Acceptance-Akt die Personen zugeordnet, die diese Akte jeweils äußern.

Einzelbilanz PX

PX	Person	4
4 x A+	Personen	3, 6, 7, 8
2 x A-	Personen	1, 2
1 x A0	Person	5

Durch den Vergleich der Proposalbilanzen lässt sich dann erkennen, welche Personen die Abfolge von Vorschlägen und Zustimmungsakten geprägt haben.

Nimmt man nur die Serie jener Proposals, die über Variationen und Modifikationen hinweg die Grundlage der Entscheidung geworden ist, lässt sich prüfen, ob hier immer wieder dieselben Personen diese Entscheidungsrichtung unterstützt und durch eigene Vorschlagsformulierungen vorangetrieben haben, d.h. ob eine Unterstützerkoalition vorliegt oder nicht. Ebenso kann festgestellt werden, ob Einzelne auch gegen Widerstand ihre Ansicht solange wiederholt vorgebracht haben, bis sich die Zustimmungsrate zu ihren Vorschlägen vergrößerte.

Die oben in der Einzelbilanz PX präsentierten Daten, in denen die Proposal- und Acceptance-Akte den jeweiligen Personen zugeordnet werden, lassen sich als Relationen verstehen. Die dort ablesbare Zustimmung von Person 7 zu Proposal X, vorgebracht von Person 3, lässt sich als positive Beziehung zwischen 7 und 3 deuten, die mit der Zustimmung von 3 zu Proposal Y, geäußert von Person 11 in Beziehung gesetzt werden kann sowie mit der klar ausgedrückten Unzufriedenheit von 7 zu ebendiesem Vorschlag. Wir haben es folglich mit einem – meist recht komplexen – *Beziehungsnetzwerk aus Zustimmungen und Ablehnungen* zu tun. Die Netzwerkanalyse bietet hier hervorragende Möglichkeiten der methodisch elaborierten Fortführung der Untersuchung der personalen Verteilung von Interaktionsmacht in Gremien (Jansen 2006; Knoke/Yang 2008; Wasserman/Faust 2007).

Die in derartigen Untersuchungen zur personalen Verteilung sichtbar werdenden Asymmetrien zwischen den Kommunikationspartnern im Gremienprozess lassen nun Fragen auftreten wie zum Beispiel: Warum hat sich Person 1 mit ihrem Proposal X trotz der nonverbalen Ablehnung durch die Personen 3, 4 und 5 durchgesetzt, hingegen nicht das Proposal Y, das auf weniger Ablehnung stieß, aber nicht? Lag es an der Unterstützung der besonders beteiligungsaktiven Person 9 für Proposal X und deren Vorschlag einer minimalen Variation hin zu Proposal X'? Auch diese Frage soll nach dem gewählten Ansatz allein durch die Untersuchung der Gremieninteraktion beantwortet werden. Neben der Möglichkeit, Zustimmung und Ablehnung auf *Personen* zurückzuführen, besteht eine weitere Möglichkeit darin, die Zustimmungen und Ablehnungen zu einzelnen *Vorschlägen* auf den Gang der Argumentation zugunsten einzelner oder gegen bestimmte Vorschläge zurückzuführen.

9.3. Argumentationsmacht

Sowohl Vorschläge als auch die zustimmenden und ablehnenden Stellungnahmen zu ihnen werden meist nicht ohne irgendeine Form von Begründung, Erläuterung oder Unterstützung vorgebracht. Äußerungen, die einen Vorschlag stützen oder die eigene Zustimmung motivieren, können einen ganz unterschiedlichen Charakter besitzen. So werden Geschichten erzählt, die einen Vorschlag plausibel machen sollen, es werden klar geschnittene Argumente vorgebracht – oder es werden kurze Hinweise („was sonst?") gegeben, die die Alternativlosigkeit des Vorgeschlagenen zu untermauern versuchen. Die nähere Erforschung der Arten, in denen Vorschläge gestützt werden, bildet ein bisher nicht hinreichend beachtetes Feld der Entscheidungsforschung. Im Folgenden soll es aber nicht um die verschiedenen Formen der Unterstützung gehen, sondern allein um die Frage, welche *inhaltlichen* Verweise zur Durchsetzung eines Vorschlages beigetragen haben.

Die folgenden Ausführungen können nur erste Anhaltspunkte für ein praktisches Vorgehen liefern. Eine weitaus genauere Untersuchung von Argumentationen durch die sozialwissenschaftliche Forschung steht bisher noch aus. Unter Rückgriff auf die Normaltextzeile der Partiturtranskription können die stützenden Äußerungen identifiziert und zum Zweck der Vergleichbarkeit in die Form von expliziten Argumenten überführt werden. Aus dem kurzen Hinweis „Was sonst?" am Ende eines Proposal-Aktes wird bei dieser *analytischen Transformation* das Argument „Dieser Vorschlag sollte gewählt werden, weil es keine Alternative zu ihm gibt." Eine derartige Umformung von komplexen alltagssprachlichen Sätzen in eine Mustersatzform hat sich in der Erforschung öffentlicher Legitimationskommunikation bereits als sinnvoller Untersuchungsweg erwiesen (Schneider u.a. 2006). Das gesamte Material, das als Unterstützungsäußerung für einen Vorschlag oder auch einen zustimmenden oder ablehnenden Akt anzusehen ist, wird auf die Möglichkeit der analytischen Transformation überprüft. Die auf diese keineswegs triviale Weise (hierzu wird man zunehmend zu verfeinernde Interpretationsregeln aufstellen müssen) gewonnenen Argumentationen können miteinander verglichen, d.h. auf Übereinstimmungen und Variationen überprüft werden. Wie bei der Proposalbezeichnung werden auch bei den Argumenten Modifikationen eines im Wesentlichen gleich lautenden Arguments durch einen Zusatz gekennzeichnet. Mit Hilfe dieser Kennzeichnung lassen sich die Argumentationen (hier kann J als Abkürzung für „justification" verwendet werden[84]) in die Proposalbilanzen einfügen:

Einzelbilanz PX
PX	J1
4 x A+	J1', J1'', J2
2 x A-	J3, J3'
1 x A0	-

---

[84] Die Verwendung von A als Abkürzung für „argumentation" verbietet sich, da dieses Kürzel bereits für die Acceptance-Akte reserviert ist.

Verfolgt man nun die Argumentationen, die für die Proposals eingesetzt wurden, die in der Linie der Entscheidung standen, so erhält man eine Übersicht des letztlich erfolgreichen argumentativen Arsenals. Ob man die Durchsetzung bzw. allgemeine Anerkennung eines Proposals auf bestimmte Argumente zurückführen kann, lässt sich damit aber nicht nachweisen. Durch die Untersuchung der Interaktion im Gremium lässt sich lediglich zeigen, wie Argumentationen und Acceptance-Signale miteinander in Beziehung stehen. Erhöhen sich die Zustimmungen zu einem Vorschlag während und nach der Äußerung eines Arguments, kann man von einer gewissen Wirkmächtigkeit dieses Arguments ausgehen. Auch die Interdependenzen zwischen personaler und argumentativer Macht lassen sich durch die oben vorgestellte Proposalbilanz, die Akzeptanzen, Argumentationen und Personen umfasst, erschließen. Freilich bedarf es des Rückgriffs auf die Elementarnotation und die Prozessanalyse, um die Dynamik argumentativer Macht im Einzelfall zu beschreiben.[85]

Die Analyse argumentativer Macht lässt sich ohne Zweifel weiter verfeinern. Ein Weg kann darin bestehen, die Argumentation nach ihren Inhalten zu typologisieren. Dabei kann man zum Beispiel auf die verschiedenen Welten der Rechtfertigung zurückgreifen, die Luc Boltanski und Laurent Thévenot unterscheiden (Boltanski/Thévenot 2007). Eine stärker an logischen Strukturen interessierte Forschung kann die Qualität der Argumente in den Vordergrund rücken, indem die Kategorien der Toulminschen Argumentationstheorie mit ihrer Unterscheidung von vier Elementen von Argumentation (data, warrants, backings und claims; Toulmin 2003) und weitere kategoriale Anregungen der Argumentationstheorie (Eemeren/Grootendorst 2004; Eemeren/Grootendorst/-Henkemans 1996) genutzt werden. Es lassen sich auch Übergänge zur sich gerade herausbildenden empirischen Deliberationsforschung finden, die überprüfen will, ob es in den Massenmedien, in öffentlichen Debatten oder auch in Parlamenten zu Argumentationen kommt, die in der Lage sind, die Rationalität der politischen Kommunikation zu heben, oder ob rein strategisch ausgerichtete Kommunikationen dominieren (Steiner u.a. 2004; Habermas 2008, 138-191). Eine vierte Anknüpfungsmöglichkeit besteht darin, diskursive Praktiken in der Tradition von Michel Foucault als Machtpraktiken zu untersuchen, d.h. als Ausdruck dezentraler, relationaler und auch produktiver Macht (Foucault 1977a, 1977b; Kerchner/Schneider 2006).

---

[85] Die Untersuchungsergebnisse zur personalen und argumentativen Machtverteilung lassen sich in einem weiteren Schritt durchaus auch zusammenführen. Eine derartige Erweiterung der Forschung kann vielleicht helfen, die relative Bedeutung von personalen und argumentativen Faktoren zu klären.

10. Weitere Forschungsfelder

In diesem Kapitel wird eine Auswahl weiterer Forschungsfelder vorgestellt, auf die der vorgeschlagene Ansatz der Gremienanalyse angewendet werden kann. Im Folgenden werden die Möglichkeiten der Gremienanalyse für die vier Felder
- institutioneller Rahmen von Gremienentscheidungen (10.1.),
- interkultureller Gremienvergleich (10.2.),
- Videokonferenzen (10.3.) und
- Partizipationsgrade (10.4.)

kurz umrissen. Diese Auswahl zeigt die große Bandbreite möglicher Anwendungsfelder. Es handelt sich um Teilfragen der Gremienforschung, die einzeln, aber auch in Kombination untersucht werden können. Allerdings sind zur Anpassung an das jeweilige Feld zum Teil Modifikationen der Methode notwendig, die ebenfalls im Rahmen dieses Kapitels erläutert werden.

10.1. Gremienentscheidungen und institutioneller Rahmen

Der institutionelle Rahmen von Gremien ist für die Art und Weise, wie ein Gremium Entscheidungen trifft, sicherlich von Bedeutung. Darauf wurde bereits in Kapitel 2.1. hingewiesen. An dieser Stelle geht es um die konkrete Nutzbarkeit des vorgestellten Analyseverfahrens für die Untersuchung von Entscheidungsverläufen in Gremien unter differierenden institutionellen Bedingungen. Beim institutionellen Rahmen ist zunächst daran zu denken, ob ein parlamentarischer Ausschuss, eine Arbeitsgruppe einer Fraktion im Parlament oder ein innerparteiliches oder innerverbandliches Gremium betrachtet wird. Gewerkschaftsgremien mögen andere Arten der Entscheidungsfindung in Gremien wählen als Parteigremien, Ausschüsse in Arbeitsparlamenten oder parlamentarischen Demokratien mögen eine andere Dynamik besitzen als Ausschüsse in Redeparlamenten oder präsidentiellen Demokratien.

Zum institutionellen Rahmen eines Gremiums sind aber auch die Mikroregeln des inneren Verfahrens eines Gremiums zu rechnen, die durch Geschäftsordnungen oder Satzungen festgelegt sind. Diese haben ebenfalls einen großen

Einfluss auf das Gremiengeschehen.[1] Zunächst wird die Kommunikation von Gremien von Kommunikationsdisziplinen[2] geprägt, denen alle Gremien in unterschiedlicher Weise unterliegen (Hurrelmann/Liebsch/Nullmeier 2002). Gesetzliche Regelungen, wie die Festlegung von Kompetenzen eines Gremiums, aber auch von bestimmten Akteursgruppen innerhalb eines Gremiums, wirken sich beispielsweise auf die Beschlussfähigkeit, die praktischen Konsequenzen von Beschlüssen und die Mehrheitsverhältnisse innerhalb eines Gremiums aus. Steven S. Smith und Christopher J. Deering beobachten zudem den Einfluss externer Faktoren, wie die Größe eines Gremiums und bestehende Regeln (Smith/Deering 1984: 39). Auch die Zusammensetzung eines Gremiums spielt eine große Rolle für den Ablauf der Entscheidungsfindung (Polsby 2004; Smith/Deering 1984). Bestehen Bindungen zwischen bestimmten Personen, beispielsweise durch Parteizugehörigkeit oder wirtschaftliche Abhängigkeitsverhältnisse, so kann dies ebenso Einfluss auf die Bildung bestimmter thematischer Koalitionen haben, wie die Erfolge oder Misserfolge vergangener Absprachen. Und auch das antizipierte Kräfteverhältnis von Befürwortern und Gegnern einer Entscheidung wirkt sich auf den Verlauf der Entscheidungsfindung aus: Sind Kompromisse notwendig? In seiner Analyse der historischen Entwicklung des amerikanischen Kongresses beschreibt Nelson W. Polsby zudem veränderte Arbeitsbedingungen durch Institutionalisierung, technischen Wandel, den Einfluss sozialer und politischer Bewegungen und durch politische Veränderungen in benachbarten Systemen (Polsby 2004: 152-153).

Mit dem hier vorgestellten Analyseverfahren lassen sich diese Auswirkungen von Rahmenbedingungen auf Gremien detailliert untersuchen. Als Untersuchungsdesign könnten Gremien, die unter unterschiedlichen institutionellen Bedingungen agieren, gefilmt und ausgewertet werden. Aus der Analyse des Interaktionsgeschehens ließen sich beispielsweise unterschiedliche Rollenverständnisse und Handlungsweisen von Akteuren herauslesen. Mit dem Hintergrundwissen der Parteizugehörigkeit könnte auch die Auswirkung der Parteivariable im Entscheidungsprozess anhand von Beobachtungen analysiert werden.

---

[1] Verwiesen sei hier erneut auf die im angelsächsischen Raum dominierenden „Robert's Rules of Order" (Robert u.a. 2000, Robert 2006), die eine ausführliche Anleitung zur Durchführung von Sitzungen darstellen, die Gremien oft für sich als verpflichtend adaptieren.
[2] Eine Typologie von Hurrelmann u.a. (Hurrelmann/Liebsch/Nullmeier 2002: 551-553) nennt zehn Typen von Kommunikationsdisziplinen, die als konstitutiv für das Funktionieren einer Versammlung gelten: zeiträumliche Koordinierung, Zugang, Raum-Körper- und Medienordnungen, Zeitstrukturierungen, Gewaltausschluss, Aufmerksamkeitsregulierung, sachlich-thematische Zentrierung, Redesequenzierung, Verbindlichkeitserzeugung und -vergewisserung und Dokumentationsordnungen. Zur Regelung von Einigungsschwierigkeiten innerhalb eines Gremiums können auch bestimmte Rahmenbedingungen dienen, die sich positiv auf Vertrauen und Solidarität auswirken (Wiesner 2006).

Im Hinblick auf unterschiedliche Entscheidungsbefugnisse eines Gremiums ließe sich beobachten, wie mit gegebenen Einschränkungen umgegangen wird.

10.2. Interkultureller Gremienvergleich

Aus Forschungen zur interkulturellen Kommunikation[3] ist bekannt, dass Personen aus unterschiedlichen Kulturen bei der Konstruktion ihrer Wirklichkeit auf Werte und Normen zurückgreifen, die sich mitunter auch deutlich voneinander unterscheiden (Steward/Bennett 1991).[4] In Untersuchungen zur Durchführung von Arbeitstreffen wurden beispielsweise Differenzen im Grad der Formalisierung eines Treffens, in der Konsens- bzw. Abstimmungsorientierung von Entscheidungen, in der Lautstärke des Sprechens, der Verteilung von Feedback und der Häufigkeit von Pausen und Überlappungen gefunden (Kell u.a. 2007; Inoue 2007; Bargiela-Chiappini/Harris 1997). Unterschiedliche Normen und Kommunikationsstile können beim Zusammentreffen von Akteuren mit verschiedener kultureller Herkunft zu Missverständnissen führen. So ist es nicht verwunderlich, dass sich viele Arbeiten mit dem Thema interkultureller Kompetenz oder Effektivität beschäftigen (Wiseman/Koester 1993).[5] Während nonverbale Aspekte der Kommunikation als wichtig erachtet werden,[6] beschränken sich detaillierte empirische Analysen von Gremiensitzungen jedoch hauptsächlich auf die sprachliche Ebene (Kell u.a. 2007).[7]

Der hier vorgestellte Ansatz zur Gremienanalyse liefert vor allem ein Instrumentarium, um kulturelle Unterschiede der Gremienarbeit systematisch und unter Einbezug nonverbaler Aspekte der Kommunikation zu untersuchen. Einerseits können kulturell differierende Gremien im Vergleich untersucht und so

---

[3] Wir folgen hier Edward Tylor, der „Kultur" als "that complex whole which includes knowledge, belief, art, morals, law, custom, and any other capabilities and habits acquired by man as a member of society" (Tylor 1924: 1) beschreibt.
[4] Während „intercultural research" die Interaktionen von Akteuren aus verschiedenen Kulturen, die sich in einem gemeinsamen Kontext bewegen, untersucht, widmet sich „cross-cultural research" der vergleichenden Erforschung unterschiedlicher Kulturen (Koester u.a. 1993).
[5] Ziegahn (Ziegahn 2001) nennt hierzu eine Liste kultureller Dimensionen, unter anderem die Gegensätze Individualismus – Kollektivismus, Egalitarismus – Hierarchie, aber auch kulturell bedingte, unterschiedliche Kommunikationsstile.
[6] Schon Birdwhistell (Birdwhistell 1970) bemerkte, dass sich nonverbales Verhalten von Franzosen, Deutschen und Engländern fast genauso stark voneinander unterscheidet, wie ihre gesprochenen Sprachen. Dies lässt sich auf kulturelle Unterschiede zurückführen: „Since nonverbal behavior arises from our cultural common sense [...], we use different systems of understanding gestures, posture, silence, emotional expression, touch, physical appearance, and other nonverbal cues" (LeBaron 2003: Absatz 4).
[7] Die Studie von Kell u.a. (Kell u.a. 2007) basiert auf der Analyse von Video- und Audioaufnahmen. Nonverbale Kommunikation wird jedoch gegenüber verbaler Kommunikation vernachlässigt.

unterschiedliche Wege zur Entscheidungsfindung herausgearbeitet werden. Hierbei ist es möglich, sowohl kulturelle als auch institutionelle Faktoren zu berücksichtigen. Die Ergebnisse der verschiedenen, in diesem Buch vorgestellten Analyseschritte lassen sich grundsätzlich miteinander vergleichen. Andererseits kann aber auch die Interaktion von Akteuren mit unterschiedlichen kulturellen Hintergründen in *einem* Gremium mit dem gleichen Instrumentarium untersucht werden. Im Zeitverlauf ließe sich so beispielsweise das gegenseitige Anpassen von Kommunikationssignalen oder die Entstehung von Konflikten beobachten.

10.3. Videokonferenzen

Interaktionen im Rahmen von Videokonferenzen stellen ein weiteres Forschungsfeld dar, auf welches sich die hier präsentierte Methode anwenden lässt. Diese Form der audiovisuellen Kommunikation zeichnet sich durch eine räumliche Trennung der Kommunizierenden (mindestens zwei Standorte) aus, die technisch miteinander vernetzt sind.[8] Dabei können Audio- und Videosignale von allen Kommunikationsteilnehmern gleichzeitig versendet und empfangen werden (Kopp 2004).[9]

Viele Arbeiten vergleichen Kommunikation über Videokonferenzen mit face-to-face-Kommunikation und konzentrieren sich zunächst auf die Defizite der ersteren (Döring u.a. 2003). Je nach Ausstattung treten technische Probleme auf. Aber auch das Fehlen von Anwesenheit an sich gilt als Nachteil der Videokonferenz gegenüber Kommunikation unter Anwesenheit.[10] Während verbale

---

[8] In der Politik gewannen Videokonferenzen insbesondere durch den Umzug des überwiegenden Teils der Bundesministerien nach Berlin an Gewicht. Aber nicht nur politische Gremien, sondern vor allem auch Wirtschaftsunternehmen zeigen ihr Interesse an Videokonferenzen. Diese werden als zeit- und kostengünstige Alternative zur – mit Geschäftsreisen verbundenen – face-to-face Kommunikation betrachtet, da sie zudem eine bessere Erreichbarkeit am Arbeitsplatz, eine einfachere Koordination von Besprechungsterminen und eine schnellere Verfügbarkeit von Besprechungsergebnissen in Aussicht stellen (Meier 2002; Rangosch-du Moulin 1997). Angesichts dieser viel versprechenden Möglichkeiten verwundert es nicht, dass „Video-Mediated Communication" in verschiedenen Disziplinen zu einem eigenen Forschungsgegenstand erhoben wurde (Kopp 2004).
[9] Zur detaillierten Beschreibung verschiedener Gruppen-Videokonferenzsysteme siehe Rangosch-du Moulin 1997.
[10] Technisch bedingt ist auch die Ton- und Bildübertragung störungsanfällig. Es kommt zu Datenverlusten. Die Kommunizierenden erfahren den Ablauf der Kommunikation in unterschiedlicher Weise. Es kommt zu unintendierten Überlappungen und Pausen. Zudem wirken sich die Kameraeinstellungen auf die Wahrnehmungsbedingungen aus: Neben der Einschränkung der Perspektive fehlen auch räumliche Phänomene, wie dreidimensionale Bewegungen. Außerdem werden aufgrund der Bildqualität Mikroereignisse, wie Lidzucken, nur bedingt übertragen. „The relatively subtle glances through which individuals can ordinarily re-establish mutual engagement, even gross at-

und nonverbale Kommunikationskanäle eingeschränkt übermittelt werden können, ist zum jetzigen Zeitpunkt die Übertragung von Signalen, die den Tast-, Geschmacks- oder Geruchssinn bzw. die Wahrnehmung von Temperaturunterschieden betreffen und in der face-to-face-Interaktion zusätzlich vorkommen, nicht möglich (Weinig 1996: 68-69). Handlungen stimmen nicht mit ihren technischen Reproduktionen überein (Heath/Luff 1993) und „basale Annahmen hinsichtlich der Wahrnehmung, der Reziprozität der Wahrnehmung, der kommunikativen Funktion der Wahrnehmung, der Aufmerksamkeitssteuerung und der Aufmerksamkeitsfokussierung, des Raumes, sowie der generellen konstitutiven Voraussetzungen von face-to-face-Situationen, [...] verlieren bei einer technischen Vermittlung ihre Gültigkeit" (Kopp 2004: 72). Auch fehlt bei der audiovisuell übermittelten Kommunikation die reflexive Wahrnehmungssicherheit, die durch Unsicherheit der Übertragungsqualität zusätzlich beeinflusst wird. Die Wahrnehmungsverhältnisse müssen deshalb oft explizit geklärt werden (Kopp 2004). Die Interagierenden passen sich so an diese neue, zunächst befremdliche Form der Kommunikation an (Braun 2004).[11] Aus den vorangegangenen Gründen wird von Seiten der Kommunikationswissenschaft vorgeschlagen, audiovisuelle Fernkommunikation als eigenständige Kommunikationsform zu betrachten, deren Interaktionsordnung aufgrund ihrer relativ kurzen Existenz noch nicht stabil ist: „Jede Kommunikationsform [...] hat ihre eigenen konstitutiven Elemente, ihre eigenen spezifischen Wahrnehmungsbedingungen und ihre spezifischen Wirk- und Eindrucksmöglichkeiten" (Kopp 2004: 76).

Mit Hilfe der in diesem Buch vorgestellten Methode lassen sich über Videokonferenzen vermittelte Interaktionen mehrerer Personen untersuchen und die spezifischen Interaktionsdynamiken weiter herausarbeiten (Meier 2002). Für eine solche Untersuchung sind jedoch einige Veränderungen im Aufnahmekonzept und in der Transkription zu bedenken: Zunächst sollte immer auch das

---

tempts to attract the attention of another, can be undermined by the medium though they are performed" (Heath/Luff 1993: 50). Im Unterschied zur face-to-face Kommunikation kann bei der Videokonferenz der Blickkontakt nicht vermittelt werden (Kopp 2004; Braun 2004): „Blickt der Gesprächspartner in die Kamera, dann blickt er alle Anwesenden durch die flache Monitorwiedergabe offensichtlich gleichzeitig an [...] wie der Nachrichtensprecher im Fernsehen gleichzeitig alle Familienmitglieder anblickt" (Kopp 2004: 163). Hierdurch sind viele Erstanwender zunächst irritiert. Es kommt aber auch bei geübten Nutzern zu Fehldeutungen von Emotionen und auf bestimmte Praktiken, die nur über oder mit Blicken funktionieren, muss verzichtet werden. Einen Überblick über experimentelle Untersuchungen und Feldstudien zur Videokonferenz-Kommunikation findet sich bei Braun (2004: 23- 31).

[11] Beispielsweise müssen durch die genannten Schwierigkeiten mit Blickkontakten andere gemeinsame Indikatoren für Aufmerksamkeit gefunden und konventionalisiert werden (Kopp 2004). Als Anpassung an die Sprecherwechselprobleme durch Verzögerungen von Ton und Bild lässt sich eine Formalisierung der Rederechtübergabe erkennen, die mit einem Verlust von Spontaneität verbunden ist, was zu längeren Redebeiträgen und einer geringeren Anzahl an Sprecherwechseln führt (Braun 2004: 46).

Videobild berücksichtigt werden, das die beteiligten Personen jeweils voneinander empfangen. Während die gemeinsam an einem Ort anwesenden Personen miteinander face-to-face kommunizieren, stellt ihr Austausch mit den über Videokonferenz zugeschalteten Personen eine andere Form der Kommunikation dar. Diese kann nur adäquat analysiert werden, wenn die videovermittelten Bilder, die die Akteure von den jeweils anderen Akteuren wahrnehmen, in die Untersuchung einbezogen werden. Auch die durch die Übertragung entstehenden Verzögerungen und Störungen in Bild und Ton müssen in der Transkription berücksichtigt werden. Es bietet sich daher an, für jeden Standort ein getrenntes Transkript für alle anwesenden und über Video vermittelten Personen anzufertigen und diese zwei Transkripte an einer Zeitachse untereinander zu ordnen, um zeigen zu können, was eine Person zu einem bestimmten Zeitpunkt von den anderen Personen wahrnimmt und was diese tun (Körschen u.a. 2002).

Die Analyse von Videokonferenzen unter Beteiligung mehrerer Personen kann wichtige Hinweise geben, aus welchem Grund diese Form der Kommunikation trotz ihrer Vorteile bisher eher wenig genutzt wird. Interessant wären Vergleiche von Gremiensitzungen unter Anwesenheit mit Videokonferenzen, um Unterschiede des Kommunizierens – bezogen auf die Zeichen-, Inhalts- und Beziehungsebene sowie auf die subjektive Wahrnehmung (Weinig 1996) – und in den Praktiken der Entscheidungsfindung herauszuarbeiten. Wie gehen die Akteure mit den beschriebenen Einschränkungen und Störungen um und welche zusätzlichen Möglichkeiten bieten sich durch das neue Medium? Welchen Einfluss hat der Standort einer Person auf ihre Rolle in der Interaktion? Wie verlaufen Prozesse der Meinungsbildung und der Orientierung an anderen Akteuren, wenn sie im Rahmen von Videokonferenzen vollzogen werden? Im zeitlichen Verlauf mehrerer Sitzungen könnten zudem Lernprozesse im Umgang von Gruppen mit Videokonferenzen beobachtet werden.

10.4. Untersuchung von Partizipationsgraden

Die Beteiligung der Bürger und Bürgerinnen kann als eines der „wichtigsten Merkmale einer Demokratie" gelten (Hoecker 2006: v). So steht eine hohe Beteiligungsrate, mit anderen Worten ein hoher *Partizipationsgrad*, für eine wünschenswerte Qualität eines demokratischen politischen Systems. Auch in der Entwicklungshilfe ist *Partizipation* seit der Weltbankpublikation „Putting People First" (Cernea 1991) ein fest verankertes Konzept, das auf eine aktive Beteiligung der örtlichen Bevölkerung in Entwicklungsprojekten zielt. Das in diesem Konzept enthaltene „Stakeholderprinzip" fordert explizit auf, nicht organisierte, nicht artikulationsfähige Gruppen in Entscheidungsfindungsprozesse innerhalb von Projekten einzubinden, um ihre Vorstellungen, aber auch ihr Wissen zu berücksichtigen und ihre Identifikation mit einem Projekt zu erhöhen. Den gleichen Grundsätzen folgen auch Partizipationskonzepte in der Stadtteilarbeit oder der Arbeit mit Jugendlichen, insbesondere mit Schülern in Deutschland (Sachs-Pfeiffer 1989; Mauthe/Pfeiffer 1996). Zur Steigerung der Partizipation insbesondere jenseits der üblichen Kanäle von Wahlen und Parteimitgliedschaft wurde eine große Anzahl von Methoden, wie beispielsweise Moderationstechniken, Kleingruppenarbeit oder die Schulung von Vermittlern zwischen Gruppen entwickelt. Die Partizipationswege wurden erweitert, neue Beteiligungsformen etabliert. Aber welche Wirkungen haben all diese Instrumente auf den Beteiligungsgrad?

Die wissenschaftlichen Untersuchungen hierzu konzentrieren sich vor allem auf die Ebene einzelner Projekte (z.B. Schönhuth 2002). Die Methodik der Gremienanalyse kann hierzu ergänzend Partizipation auf der Ebene einzelner Projekttreffen oder Diskussionsrunden beleuchten. Die Methode erlaubt es, sich auch Personen speziell zu widmen, die zwar als Mitglieder eines Gremiums anwesend sind, aber nicht am Prozess teilhaben. Auf diesem Wege kann Material gewonnen werden, um eventuelle Partizipationshindernisse zu erkennen.

Wie aber lassen sich Unterschiede im Grad der Partizipation auf dieser Ebene analysieren? Es bietet sich an, zunächst die Redebeiträge der einzelnen Akteure und die Zuhörerreaktionen zu beobachten. Wer spricht wie häufig? Wem wird aufmerksam zugehört? Wer schenkt dem Geschehen keine Aufmerksamkeit? Werden Sprecher häufig unterbrochen? Gibt es verbale oder nonverbale Drohungen, Zustimmung oder Ablehnung? Wer gibt nonverbale Signale der Zustimmung oder Ablehnung, beteiligt sich nie an der Generierung von Vorschlägen – und wer zeigt noch nicht einmal Signale der Akzeptanz? Im Verlauf von Interaktionen lassen sich Entwicklungen der sinkenden oder steigenden Partizipationsbereitschaft nachzeichnen, wenn ein Akteur beispielsweise durch verbale oder nonverbale Signale anderer entmutigt wird und sich daraufhin nicht weiter an der Entscheidungsfindung beteiligt. Fallspezifisch kann eine Kommunikationssituation auf den Grad der Partizipation verschiedener Teilnehmer untersucht werden. Unterschiede in der Partizipationsbereitschaft werden oft auf individuelle Merkmale, wie den sozialen Status, soziodemographische Faktoren oder auf psychologische Unterschiede, zurückgeführt. Durch Beobachtung mit Hilfe des hier präsentierten gremienanalytischen Instrumentariums können dagegen auch situative Faktoren der Partizipationsbereitschaft einbezogen werden. Partizipative Methoden können so evaluiert oder verbessert und Fortschritte im realen Beteiligungsgrad beobachtet werden.

Literatur

Adler, E. Scott/Lapinski, John S. (Hrsg.) (2006): The Macropolitics of Congress. Princeton/Oxford: Princeton University Press
Alger, Chadwick F. (1966): Interaction in a Committee of the United Nations General Assembly. In: Midwest Journal of Political Science 10 (4): 411-447
Arbeitsgruppe Bielefelder Soziologen (Hrsg.) (1973): Alltagswissen, Interaktion und gesellschaftliche Wirklichkeit, Bd. 1. Reinbek: Rowohlt
Arminen, Ilkka (2005): Institutional Interaction. Studies of Talk at Work. Ashgate: Aldershot
Austen-Smith, David/Duggan, John (Hrsg.) (2005): Social Choice and Strategic Decisions. Essays in Honor of Jeffrey S. Banks. Berlin/Heidelberg: Springer
Austen-Smith, David/Feddersen, Timothy J. (2006): Deliberation, Preference Uncertainty, and Voting Rules. In: American Political Science Review 100 (2): 209-217
Austin, John L. (1975): How to do Things with Words. Second Edition. Cambridge, MA.: Harvard University Press
Austin, John L. (1979): Philosophical Papers. Third Edition. Oxford/New York/Toronto/Melbourne: Oxford University Press
Bachrach, Peter/Baratz, Morton S. (1977): Macht und Armut. Frankfurt a.M.: Suhrkamp
Banks, Marcus (2007): Using Visual Data in Qualitative Research. [The Sage Qualitative Research Kit; 5]. Los Angeles/London u.a.: Sage
Bargiela-Chiappini, Francesca/Harris, Sandra (1997): Managing Language. The Discourse of Corporate Meanings. Amsterdam/Philadelphia: John Benjamins
Berger, Peter L./Luckmann, Thomas (1980): Die gesellschaftliche Konstruktion der Wirklichkeit. Eine Theorie der Wissenssoziologie. Frankfurt a.M.: Fischer
Bergström, Carl Fredrik (2005): Comitology. Delegation of Powers in the European Union and the Committee System. Oxford u.a.: Oxford University Press
Berking, Helmuth/Hitzler, Ronald/Neckel, Sighard (Hrsg.) (1992): Politisches Wissen. Referate des Workshops in Berlin, 3.-5. Juli 1992. Dokumentation Nr. 2 des Arbeitskreises „Soziologie politischen Handelns". Berlin: Universitätsdruck
Birdwhistell, Ray L. (1970): Kinesics and Context. Essays on Body-Motion Communication. Philadelphia: University of Pennsylvania Press
Black, Duncan (1958): The Theory of Committees and Elections. Cambridge: Cambridge University Press
Black, Duncan (1991): Arrow's Work and the Normative Theory of Committees. In: Journal of Theoretical Politics 3 (3): 259-276
Blumer, Herbert (1969): Symbolic Interactionism. Perspective and Method. Englewood Cliffs: Prentice Hill
Blumer, Herbert (1973): Der methodologische Standort des symbolischen Interaktionismus. In: Arbeitsgruppe Bielefelder Soziologen (1973): 80-146
Bohman, James/Rehg, William (Hrsg.) (1997): Deliberative Democracy. Essays on Reason and Politics. Cambridge, MA/London: The MIT Press
Boltanski, Luc/Thévenot, Laurent (2007): Über die Rechtfertigung. Eine Soziologie der kritischen Urteilskraft. Hamburg: Hamburger Edition

Literatur

Bourdieu, Pierre (2005): Was heißt Sprechen? Zur Ökonomie des sprachlichen Tauschs. Wien: Braumüller
Brandom, Robert B. (1979): Freedom and Constraint by Norms. In: American Philosophical Quarterly 16 (3): 187-196
Brandom, Robert B. (1994): Making it Explicit. Reasoning, Representing, and Discursive Commitment. Cambridge, MA/London: Harvard University Press
Brandom, Robert B. (2000): Articulating Reasons. An Introduction to Inferentialism. Cambridge, MA/London: Harvard University Press
Braun, Sabine (2004): Kommunikation unter widrigen Umständen. Fallstudien zu einsprachig gedolmetschten Videokonferenzen, Tübingen: Gunter Narr Verlag
Brosius, Hans-Bernd/Koschel, Friederike (2005): Methoden der empirischen Kommunikationsforschung. 3. Auflage. Wiesbaden: VS Verlag für Sozialwissenschaften
Bührig, Kristin/Sager, Sven F. (Hrsg.) (2005): Nonverbale Kommunikation im Gespräch. Osnabrücker Beiträge zur Sprachtheorie 70. Oldenburg/Duisburg: Gilles & Francke
Burgoon, Judee K./Saine, Thomas (1978): The Unspoken Dialogue: An Introduction to Nonverbal Communication. Boston: Houghton Mifflin
Burns, Tom (1961): Micropolitics: Mechanism of Institutional Chance. In: Administrative Science Quarterly 6 (3): 257-281
Butler, Judith (1998): Haß spricht. Zur Politik des Performativen. Berlin: Berlin Verlag
Büttner, Silke (2005): Kopfbewegung im Transkript. Ein System zur Analyse von Kopfbewegungen im Kontext nonverbaler Interaktion. In: Bührig/Sager (2005): 71-92
Button, Graham (Hrsg.) (1993): Technology in Working Order: Studies of Work, Interaction and Technology. London/New York: Routledge
Cernea, Michael (1991): Putting People First. Sociological Variables in Rural Development. Second Edition. Washington: Worldbank
Clarke, Thomas (2007): International Corporate Governance. A Comparative Approach. London/New York: Routledge
Cox, Gary W./McCubbins, Mathew D. (2007): Legislative Leviathan: Party Government in the House. Second Edition, Cambridge/New York/Melbourne u.a.: Cambridge University Press
Crozier, Michel/Friedberg, Erhard (1993): Die Zwänge kollektiven Handelns. Über Macht und Organisation, Frankfurt a.M.: Hain
Deering, Christopher J./Smith, Steven S. (1997): Committees in Congress. Third Edition. Washington, DC: CQ Press
Denzin, Norman K. (1989): Interpretive Interactionism. Newbury Park: Sage
Deppermann, Arnulf (2001): Gespräche analysieren. Eine Einführung. Opladen: Leske + Budrich
Diegritz, Theodor/Fürst, Carl (1999): Empirische Sprechhandlungsforschung. Ansätze zur Analyse und Typisierung authentischer Äußerungen. Erlangen: Universitätsbund Erlangen-Nürnberg
Diekmann, Andreas (1996): Empirische Sozialforschung. Grundlagen, Methoden, Anwendungen. Reinbek bei Hamburg: Rowohlt
Dittmar, Norbert (2004): Transkription: Ein Leitfaden mit Aufgaben für Studenten, Forscher und Laien, 2. Aufl. Wiesbaden: VS Verlag für Sozialwissenschaften
Döring, Jana/Schmitz, Walter H./Schulte, Olaf A. (2004): Connecting Perspectives. Videokonferenz: Beiträge zu ihrer Erforschung und Anwendung. Aachen: Shaker Verlag
Drew, Paul/Heritage, John (Hrsg.) (1992) Talk at Work: Interaction in Institutional Settings. Cambridge u.a.: Cambridge University Press
Drosdowski, Günther (Hrsg.) (1963): Der große Duden in 10 Bänden. Bd. 7: Duden Etymologie: Herkunftswörterbuch der deutschen Sprache. Mannheim u.a.: Dudenverlag
Dryzek, John S. (1990): Discursive Democracy. Politics, Policy, and Political Science. Cambridge u.a.: Cambridge University Press

Dryzek, John S. (2000): Deliberative Democracy and Beyond. Liberals, Critics, Contestations. Oxford u.a.: Oxford University Press

Dryzek, John S. (2006): Deliberative Global Politics. Discourse and Democracy in a Divided World. Cambridge u.a.: Polity Press

Edwards, Jane A./Lampert, Martin D. (Hrsg.): Talking Data: Transcription and Coding in Discourse Research. Hillsdale u.a.: Erlbaum

Eemeren, Frans H. van/Grootendorst, Rob/Henkemans, Francisca Snoeck (Hrsg.) (1996): Fundamentals of Argumentation Theory. A Handbook of Historical Backgrounds and Contemporary Developments. Mahwah: Lawrence Erlbaum Associates

Eemeren, Frans H. van/Grootendorst, Rob (2004): A Systematic Theory of Argumentation. The Pragma-Dialectical Approach. Cambridge: Cambridge University Press

Ehlich, Konrad (1993): HIAT – A Transcription System for Discourse Data. In: Edwards/Lampert (1993): 123-148

Ehlich, Konrad/Rehbein, Jochen (1976): Halbinterpretative Arbeitstranskription (HIAT). In: Linguistische Berichte 45: 21-41

Ehlich, Konrad/Rehbein, Jochen (1981): Zur Notierung nonverbaler Kommunikation für diskursanalytische Zwecke. Erweiterte halbinterpretative Arbeitstranskription (HIAT 2). In: Winkler (1981): 302-329

Ehlich, Konrad/Rehbein, Jochen (1982): Augenkommunikation. Methodenreflexion und Beispielanalyse. Amsterdam: John Benjamins

Ekman, Paul/Friesen, Wallace V. (1979): Handbewegungen. In: Scherer/Walbott (1979): 108-123.

Ekman, Paul/Friesen, Wallace V. (1999): Hand Movements. In: Guerrero/ DeVito/Hecht (1999): 48-52

Elster, Jon (Hrsg.) 1998: Deliberative Democracy. Cambridge, MA u.a.: Cambridge University Press

Enfield, Nicholas J./Levinson, Stephen C. (2006): Roots of Human Sociality. Culture, Cognition and Interaction. Oxford/New York: Berg

Euro-Institut, Institut für grenzüberschreitende Zusammenarbeit (Hrsg.) (2007): Interkultureller Leitfaden zur Moderation grenzüberschreitender Sitzungen. Baden-Baden: Nomos

Feld, Steve/Williams, Carroll (1975): Toward a Researchable Film Language. In: Studies in the Anthropology of Visual Communication 2 (1): 25-32

Fenno, Richard F. Jr. (1995): Congressmen in Committees [Repr. 1973]. Berkeley, CA: Institute of Governmental Studies Press

Fenno, Richard F. Jr. (2007): Congressional Travels: Places, Connections, and Authenticity. New York/Boston u.a.: Longman

Fishkin, James S. (1991): Democracy and Deliberation. New Directions for Democratic Reform. New Haven/London: Yale University Press

Fishkin, James S./Laslett, Peter (Hrsg.) (2003): Debating Deliberative Democracy. Malden, MA u.a.: Blackwell Publishing

Flick, Uwe (2007): Qualitative Sozialforschung. Eine Einführung. Reinbek bei Hamburg: Rowohlt

Flick, Uwe/Kardorff, Ernst von/Steinke, Ines (Hrsg.) (2003): Qualitative Forschung. Ein Handbuch. Reinbek bei Hamburg: Rowohlt

Foucault, Michel (1977a): Die Ordnung des Diskurses. Frankfurt a.M./Berlin/Wien: Ullstein

Foucault, Michel (1977b): Sexualität und Wahrheit. Der Wille zum Wissen, Frankfurt a.M.: Suhrkamp

Frank, Mark G./Juslin, Patrick N./Harrigan, Jinni A. (2005): Technical Issues in Recording Nonverbal Behavior. In: Harrigan/Rosenthal/Scherer (2005): 447-470

Gardner, Rod (2001): When Listeners Talk. Response Tokens and Listener Stance. Amsterdam/Philadelphia: John Benjamins

Garfinkel, Harold (1967): Studies in Ethnomethodology, Englewood Cliffs: Prentice Hill

Literatur

Gaus, Günter (2001): Was bleibt sind Fragen. Berlin: Das Neue Berlin
Gibbs, Graham R./Friese, Susanne/Mangabeira, Wilma C. (2002): Technikeinsatz im qualitativen Forschungsprozess. Einführung zu FQS Band 3(2) [34 Absätze]. In: FQS: Forum Qualitative Sozialforschung [Online Journal] 3, unter: http://www.qualitative-research.net/fqs-texte/2-02/2-02hrsg-d.htm [27.05.08]
Gilligan, Thomas W./Krehbiel, Keith (1987): Collective Decisionmaking and Standing Committees: An Informational Rationale for Restrictive Amendment Procedures. In: Journal of Law, Economics and Organization 3 (2): 287-335
Göhler, Gerhard (2004): Macht. In: Göhler/Iser/Kerner (2004): 244-261
Göhler, Gerhard/Iser, Mattias/Kerner, Ina (Hrsg.) (2004): Politische Theorie. 22 umkämpfte Begriffe zur Einführung. Wiesbaden: VS Verlag für Sozialwissenschaften
Goffman, Erving (1961): Encounters: Two Studies in the Sociology of Interaction. Indianapolis: Bobbs-Merril
Goffman, Erving (1969): Strategic Interaction. Philadelphia: University of Pennsylvania Press
Goffman, Erving (1980): Rahmen-Analyse. Ein Versuch über die Organisation von Alltagserfahrungen. Frankfurt a.M.: Suhrkamp
Goffman, Erving (1981): Forms of Talk. Oxford: Blackwell
Goffman, Erving (1982): Das Individuum im öffentlichen Austausch. Mikrostudien zur öffentlichen Ordnung. Frankfurt a.M.: Suhrkamp
Goodin, Robert E. (2003): Reflective Democracy. Oxford u.a.: Oxford University Press
Goodin, Robert E. (2006): Talking Politics: Perils and Promise. In: European Journal of Political Research 45 (2): 235-262
Grimshaw, Allen D. (1989): Collegial Discourse: Professional Conversation Among Peers [Vol. XXXII in the Series Advances in Discourse Processes]. Norwood, NJ: Ablex Publishing
Groseclose, Tim/King, David C. (2001): Committee Theories Reconsidered. In: Dodd, Lawrence C./Oppenheimer, Bruce I. (eds.), Congress Reconsidered, 7. Aufl. Washington, DC: CQ Press, 191–216
Guerrero, Laura K./DeVito, Joseph A./Hecht, Michael L. (Hrsg.) (1999): The Nonverbal Communication Reader. Classic and Contemporary Readings. Second Edition. Prospect Heights: Waveland Press
Gutmann, Amy/Thompson, Dennis (2004): Why Deliberative Democracy? Princeton, NJ/Oxford: Princeton University Press
Habermas, Jürgen (1992): Faktizität und Geltung. Beiträge zur Diskurstheorie des Rechts und des demokratischen Rechtsstaats. Frankfurt a.M.: Suhrkamp
Habermas, Jürgen (2008): Ach, Europa. Kleine Politische Schriften XI. Frankfurt a.M.: Suhrkamp
Hajer, Maarten A./Wagenaar, Hendrik (Hrsg.) (2003): Deliberative Policy Analysis. Understanding Governance in the Network Society. Cambridge: Cambridge University Press
Hall, Richard L. (1995): Empiricism and Progress in Positive Theories of Legislative Institutions. In: Shepsle/Weingast (1995): 273-302
Harrigan, Jinni A. (2005): Proxemics, Kinesics, and Gaze. In: Harrigan/Rosenthal/Scherer (2005): 137-198
Harrigan, Jinni A./Rosenthal, Robert/Scherer, Klaus R. (Hrsg.) (2005): The New Handbook of Methods in Nonverbal Behavior Research. Oxford u.a.: Oxford University Press
Heath, Christian (2004): Analysing Face to Face Interaction: Video, the Visual and Material. In: Silverman (2004): 266-282
Heath, Christian/Hindmarsh, Jon (2002): Analyzing Interaction: Video, Ethnography and Situated Conduct. In: May (2002): 99-121
Heath, Christian/Luff, Paul (1993): Disembodied Conduct. Interactional Asymmetries in Video-mediated Communication. In: Button (1993): 35-54

Heidegger, Martin (2006): Sein und Zeit. 19. Aufl. [unveränd. Nachdr. der 15. Aufl.]. Tübingen: Niemeyer
Hermann, Michael/Leuthold, Heinrich (2003): Atlas der politischen Landschaften: Ein weltanschauliches Porträt der Schweiz. Zürich: vdf Hochschulverlag an der ETH Zürich
Hoecker, Beate (Hrsg.) (2006): Politische Partizipation zwischen Konvention und Protest. Eine studienorientierte Einführung. Opladen: Verlag Barbara Budrich
Hofmann, Wilhelm/Riescher, Gisela (1999): Einführung in die Parlamentarismustheorie. Darmstadt: Wissenschaftliche Buchgesellschaft
Holzinger, Katharina (2001a): Kommunikationsmodi und Handlungstypen in den Internationalen Beziehungen. Anmerkungen zu einigen irreführenden Dichotomien. In: Zeitschrift für Internationale Beziehungen 8 (1): 243-286
Holzinger, Katharina (2001b): Verhandeln statt Argumentieren oder Verhandeln durch Argumentieren? Eine empirische Analyse auf der Basis der Sprechakttheorie. In: Politische Vierteljahresschrift 42 (3): 414-446
Holzinger, Katharina (2004): Bargaining Through Arguing: An Empirical Analysis Based on Speech Act Theory. In: Political Communication 21 (2): 195-222
Howell, William/Adler, E. Scott/Cameron, Charles M./Riemann, Charles (2000): Divided Government and the Legislative Productivity of Congress, 1945-94. In: Legislative Studies Quarterly 25 (2): 285-312
Hurrelmann, Achim/Liebsch, Katharina/Nullmeier, Frank (2002): Wie ist argumentative Entscheidungsfindung möglich? Deliberation in Versammlungen und Internetforen. In: Leviathan 30 (4): 544-564
Inoue, Yukiko (2007): Cultural Fluency as a Guide to Effective Intercultural Communication. The Case of Japan and the U.S. In: Journal of Intercultural Communication [Online Journal], Issue 15, unter: http://www.immi.se/intercultural/nr15/inoue.htm [10.02.2008]
Irion, Thomas (2002): Einsatz von Digitaltechnologien bei der Erhebung, Aufbereitung und Analyse multicodaler Daten [61 Absätze]. In: FQS: Forum Qualitative Sozialforschung [Online Journal] 3, unter: http://www.qualitative-research.net/fqs-texte/2-02/2-02irion-d.htm [27.05.08]
Jäger, Friedrich/Straub, Jürgen (Hrsg.) (2004): Handbuch der Kulturwissenschaften. Band 2: Paradigmen und Disziplinen. Stuttgart/Weimar: Metzler
Janning, Frank/Toens, Katrin (Hrsg.) (2008): Die Zukunft der Policy-Forschung. Theorien, Methoden, Anwendungen. Wiesbaden: VS Verlag für Sozialwissenschaften
Jansen, Dorothea (2006): Einführung in die Netzwerkanalyse. Grundlagen, Methoden, Forschungsbeispiele, 3., überarbeitete Auflage. Wiesbaden: VS Verlag für Sozialwissenschaften
Joerges, Christian/Falke, Josef (Hrsg.) (2000): Das Ausschußwesen der Europäischen Union. Praxis der Risikoregulierung im Binnenmarkt und ihre rechtliche Verfassung. Baden-Baden: Nomos
Joerges, Christian/Neyer, Jürgen (1997): From Intergovernmental Bargaining to Deliberative Political Processes: The Constitutionalisation of Comitology. In: European Law Journal 3 (3): 273-299
Joerges, Christian/Neyer, Jürgen (1998): Von intergouvernementalem Verhandeln zur deliberativen Politik: Gründe und Chancen für eine Konstitutionalisierung der europäischen Komitologie. In: Kohler-Koch (1998): 207-233
Jones, Mark P./Hwang, Wonjae (2005): Party Government in Presidential Democracies: Extending Cartel Theory Beyond the U.S. Congress. In: American Journal of Political Science 49 (2): 267-282
Kell, Susan/Marra, Meredith/Holmes, Janet/Vine, Bernadette (2007): Ethnic Differences in the Dynamic of Women's Work Meetings. In: Multilingua 26 (4): 309-331
Kelly, Sean Q. (1993): Divided We Govern? A Reassessment. In: Polity 25 (3): 475-484
Kendon, Adam (1970): Movement Coordination in Social Interaction: Some Examples Described. In: Acta Psychologica 32, 101-125

Kendon, Adam (2004): Gesture – Visible Action as Utterance. Cambridge u.a.: Cambridge University Press
Kerchner; Brigitte/Schneider, Silke (Hrsg.) (2006): Foucault: Diskursanalyse der Politik. Eine Einführung. Wiesbaden: VS Verlag für Sozialwissenschaften
Kerr, Norbert L./Tindale, R. Scott (2004): Group Performance and Decision Making. In: Annual Review of Psychology 55: 623-655
Kieserling, André (1999): Kommunikation unter Anwesenden. Studien über Interaktionssysteme. Frankfurt a.M.: Suhrkamp
Klein, Ansgar/Schmalz-Bruns, Rainer (Hrsg.) (1997): Politische Beteiligung und Bürgerengagement in Deutschland. Möglichkeiten und Grenzen. Bonn: Bundeszentrale für politische Bildung
Knapp, Mark L. (1978): Nonverbal Communication in Human Interaction. Second Edition. New York u.a.: Holt, Rinehart and Winston
Knoblauch, Hubert (2004): Video-Interaktionsanalyse. In: Sozialer Sinn 5 (1): 123-139
Knoblauch, Hubert (2005a): Kulturkörper. Die Bedeutung des Körpers in der sozialkonstruktivistischen Wissenssoziologie. In: Schroer (2005): 92-113
Knoblauch, Hubert (2005b): Wissenssoziologie. Konstanz: UVK Verlagsgesellschaft
Knoblauch, Hubert/Schnettler, Bernt (2007): Powerpoint-Präsentationen. Konstanz: UVK Verlagsgesellschaft
Knoblauch, Hubert/Schnettler, Bernt/Raab, Jürgen (2006): Video-Analysis. Methodological Aspects of Interpretative Audiovisual Analysis in Social Research. In: Knoblauch/Schnettler/Raab/Soeffner (2006): 9-26
Knoblauch, Hubert/Schnettler, Bernt/Raab, Jürgen/Soeffner, Hans-Georg (Hrsg.) (2006): Video Analysis: Methodology and Methods. Qualitative Audiovisual Data Analysis in Sociology. Frankfurt a.M. u.a.: Peter Lang
Knoke, David/Yang, Song (2008): Social Network Analysis. Second Edition. Los Angeles: Sage
Koch, Sabine C./Zumbach, Jörg (2002): The Use of Video Analysis Software in Behavior Observation Research: Interaction Patterns in Task-oriented Small Groups [37 Absätze]. In: FQS: Forum Qualitative Sozialforschung [Online Journal] 3, unter: http://www.qualitative-research.net/fqs-texte/2-02/2-02kochzumbach-d.htm [27.05.08]
Koester, Jolene/Wiseman, Richard L./Sanders, Judith A. (1993): Multiple Perspectives of Intercultural Communication Competence. In: Wiseman/Koester (1993): 3-15
Kohler-Koch, Beate (Hrsg.) (1998): Regieren in entgrenzten Räumen. Politische Vierteljahresschrift Sonderheft 29. Opladen u.a.: Westdeutscher Verlag
Kopp, Guido (2004): Audivisuelle Fernkommunikation. Grundlagen der Analyse und Anwendung von Videokonferenzen. Wiesbaden: VS Verlag für Sozialwissenschaften
Körschen, Marc/Pohl, Jessica/Schmitz, Walter H./Schulte, Olaf A. (2002): Neue Techniken der qualitativen Gesprächsforschung. Computergestützte Transkription von Videokonferenzen [47 Absätze]. In: Forum Qualitative Sozialforschung [Online Journal], 3(2), unter: http://www.qualitative-research.net/fqs-texte/2-02/2-02koerschenetal-d.htm [24.11.2006]
Krehbiel, Keith (1991): Information and Legislative Organization. Ann Arbor: University of Michigan Press
Krempel, Lothar (2005): Visualisierung komplexer Strukturen. Grundlagen der Darstellung mehrdimensionaler Netzwerke. Frankfurt/New York: Campus
Kühn, Christine (2002): Körper – Sprache. Elemente einer sprachwissenschaftlichen Explikation non-verbaler Kommunikation. Frankfurt a.M.: Peter Lang
Küpper, Willi/Felsch, Anke (2000): Organisation, Macht und Ökonomie: Mikropolitik und die Konstitution organisationaler Handlungssysteme. Wiesbaden: Westdeutscher Verlag
LeBaron, Michelle (2003): Cross-cultural Communication. Online-Ressource, unter: http://www.beyondintractability.org/essay/cross-Cultural_communication/ [11.02.2008]

Leibfried, Stephan/Zürn, Michael (Hrsg.) (2006): Transformationen des Staates? Frankfurt a.M.: Suhrkamp
Lomax, Helen/Casey, Neil (1998): Recording Social Life: Reflexivity and Video Methodology. In: Sociological Research Online 3, unter: http://www.socresonline.org.uk/socresonline/3/2/1.htm [27.05.08]
Lüde, Rolf von/Moldt, Daniel/Valk, Rüdiger (2003): Sozionik – Modellierung soziologischer Theorie, Münster: LIT Verlag
Luhmann, Niklas (2000): Die Politik der Gesellschaft. Frankfurt a.M.: Suhrkamp
Macedo, Stephen (Hrsg.) (1999): Deliberative Politics. Essays on Democracy and Disagreement. New York/Oxford: Oxford University Press
Maier, Matthias Leonhard/Hurrelmann, Achim/Nullmeier, Frank/Pritzlaff, Tanja/Wiesner, Achim (Hrsg.) (2003): Politik als Lernprozess? Wissenszentrierte Ansätze in der Politikanalyse. Opladen: Leske + Budrich
Mallin, Christine A. (2007): Corporate Governance. Second Edition. Oxford u.a.: Oxford University Press
Mandl, Heinz/Fischer, Frank (Hrsg.) (2000): Wissen sichtbar machen. Wissenstechniken mit Mapping-Techniken. Göttingen: Hogrefe-Verlag
Manow, Philip (2004): Der demokratische Leviathan. Eine kurze Geschichte parlamentarischer Sitzanordnungen seit der französischen Revolution. In: Leviathan 32 (3): 319-347
Mansbridge, Jane (1980): Beyond Adversary Democracy. New York: Basic Books
Mauthe, Anne/Pfeiffer, Hermann (1996): Schülerinnen und Schüler gestalten mit – Entwicklungslinien schulischer Partizipation und Vorstellung eines Modellversuchs. In: Rolff/Bauer/Klemm/Pfeiffer (1996): 221-259
May, Tim (Hrsg.) (2002): Qualitative Research in Action. London u.a.: Sage
Mayhew, David R. (1978): Congress: The Electoral Connection [9. Print]. New Haven, CN/London: Yale University Press
Mayhew, David R. (2000): America's Congress: Actions in the Public Sphere, James Madison through Newt Gingrich. New Haven, CN/London: Yale University Press
Mayhew, David R. (2005): Divided We Govern: Party Control, Lawmaking, and Investigations, 1946 – 2002, Second Edition. New Haven, CN/London: Yale University Press
Meier, Christoph (2002): Kommunikation in räumlich verteilten Teams: Videokonferenzen bei Technics. In: Timm (2002): 101-133
Meier, Peter (2006): Visualisierung von Kommunikationsstrukturen für kollaboratives Wissensmanagement in der Lehre. Dissertation an der Universität Konstanz. Online-Ressource, unter: http://deposit.d-nb.de/cgi-bin/dokserv?idn=981056008 [28.11.2007]
Mentzel, Wolfgang (2007): Kommunikation. Rede, Präsentation, Gespräch, Verhandlungen, Moderation. München: Dt. Taschenbuch-Verlag
Merleau-Ponty, Maurice (1976): Die Struktur des Verhaltens. Berlin/New York: Walter de Gruyter
Müller, Cornelia (1998a): Redebegleitende Gesten. Kulturgeschichte – Theorie – Sprachvergleich. Berlin: Berlin Verlag
Müller, Cornelia (1998b): Beredte Hände. Theorie und Sprachvergleich redebegleitender Gesten. In: Schmauser/Noll (1998): 21-44
Neunreither, Karlheinz/Wiener, Antje (Hrsg.) (2000): European Integration after Amsterdam: Institutional Dynamics and Prospects for Democracy. Oxford u.a.: Oxford University Press
Neyer, Jürgen (2000): Justifiying Comitology: The Promise of Deliberation. In: Neunreither/Wiener (2000): 112-128
Niesen, Peter/Herborth, Benjamin (Hrsg.) (2007): Anarchie der kommunikativen Freiheit. Jürgen Habermas und die Theorie der internationalen Politik. Frankfurt a.M.: Suhrkamp
Norris, Sigrid (2004): Analyzing Multimodal Interaction. A methodological framework. New York/London: Routledge

Norris, Sigrid/Jones, Rodney H. (Hrsg.) (2005): Discourse in Action: Introducing Mediated Discourse Analysis. London u.a.: Routledge
Nullmeier, Frank (2003): Sprechakttheorie und Textanalyse. In: Maier/Hurrelmann/Nullmeier/Pritzlaff/Wiesner (2003): 211-223
Nullmeier, Frank (2004): Methodenfragen einer kulturwissenschaftlichen Politologie. In: Jäger/Straub (2004): 486-501
O'Halloran, Kay (Hrsg.) (2006): Multimodal Discourse Analysis. Systemic Functional Perspectives. London u.a.: Continuum
Opp de Hipt, Manfred/Latniak, Erich (Hrsg.) (1991): Sprache statt Politik? Politikwissenschaftliche Semantik- und Rhetorikforschung. Opladen: Westdeutscher Verlag
Ortmann, Günther (2003): Regel und Ausnahme. Paradoxien sozialer Ordnung, Frankfurt am Main: Suhrkamp
Ostrom, Elinor (2005): Understanding Institutional Diversity. Princeton, NJ u.a.: Princeton University Press
Panebianco, Silke/Pahl-Wostl, Claudia (2006): Modelling Socio-technical Transformations in Wastewater Treatment – A Methodological Proposal. In: Technovation 26, 1090-1100, Online-Ressource, unter: http://www.sciencedirect.com/science/article/B6V8B-4HCDJH2-2/2/6e85800ad4bf4b786c32787b4773f186 [15.02.2008]
Parkinson, John (2006): Deliberating in the Real World. Problems of Legitimacy in Deliberative Democracy. Oxford u.a.: Oxford University Press
Patzelt, Werner J. (1987): Grundlagen der Ethnomethodologie. Theorie, Empirie und politikwissenschaftlicher Nutzen einer Soziologie des Alltags. München: Fink
Patzelt, Werner J. (1991): Analyse politischen Sprechens: Die Möglichkeit der Ethnomethodologie. In: Opp de Hipt/Latniak (1991): 156-187.
Patzelt, Werner J. (1992): Politisches Alltagswissen und die Konstruktion politischer Wirklichkeit. Ethnomethodologische Forschungsperspektiven. In: Berking/Hitzler/Neckel (1992): 16-47
Pfetsch, Frank R. (1987): Politische Theorie der Entscheidung in Gremien. In: Journal für Sozialforschung 27 (3/4): 253-275
Polsby, Nelson W. (2004): How Congress Evolves. Social Bases of Institutional Change. Oxford: Oxford University Press
Polsby, Nelson W./Schickler, Eric (2002): Landmarks in the Study of Congress since 1945. In: Annual Review of Political Science 5: 333-367
Preda, Alex (2000): Order with Things? Humans, Artifacts, and the Sociological Problem of Rule-Following. In: Journal for the Theory of Social Behaviour 30 (3): 269-298
Pritzlaff, Tanja (2006): Entscheiden als Handeln. Eine begriffliche Rekonstruktion. Frankfurt a.M./New York: Campus
Rabinow, Paul/Sullivan, William M. (Hrsg.) (1987): Interpretive Social Science. A Second Look. Berkeley: University of California Press
Rangosch-du Moulin, Simone (1997): Videokonferenzen als Ersatz oder Ergänzung von Geschäftsreisen. Zürich: Inaugural-Dissertation Universität Zürich
Reckwitz, Andreas (1997): Struktur. Zur sozialwissenschaftlichen Analyse von Regeln und Regelmäßigkeiten. Opladen: Westdeutscher Verlag
Reckwitz, Andreas (2003): Grundelemente einer Theorie sozialer Praktiken. Eine sozialtheoretische Perspektive. In: Zeitschrift für Soziologie 32 (4): 282-301
Regelsberger, Ferdinand (1868): Civilrechtliche Erörterungen. Erstes Heft: Die Vorverhandlungen bei Verträgen. Angebot, Annahme, Traktate, Punktation nebst der Lehre von der Versteigerung und von der Auslobung. Weimar: Böhlau
Reinach, Adolf (1989): Sämtliche Werke. Textkritische Ausgabe in 2 Bänden. Band I: Die Werke. München/Hamden/Wien: Philosophia Verlag
Robert, Henry M. (2006): Robert's Rules of Order. Classic Edition. O.O.: Filiquarian Publishing

Robert, Henry M. III/Evans, William J./Honemann, Daniel H./Balch, Thomas J. (2000): Robert's Rules of Order. Newly Revised. 10th Edition. Cambridge, MA: Da Capo Press

Rolff, Hans-Günter/Bauer, Karl-Oswald/ Klemm, Klaus/Pfeiffer, Hermann (Hrsg.) (1996): Jahrbuch Schulentwicklung. Daten, Beispiele und Perspektiven. Weinheim/München: Juventa Verlag

Rouse, Joseph (2002): How Scientific Practices Matter. Reclaiming Philosophical Naturalism. Chicago: University of Chicago Press

Rouse, Joseph (2007a): Social Practices and Normativity. In: Philosophy of the Social Sciences 37 (1): 46-56

Rouse, Joseph (2007b): Practice Theory. In: Turner/Risjord (2007): 639-681

Rüb, Friedbert (2008): Policy-Analyse unter Bedingungen der Kontingenz. Konzeptuelle Überlegungen zu einer möglichen Neuorientierung. In: Janning/Toens (2008): 88-111

Sachs-Pfeiffer, Toni (1989): Partizipation. Teilhaben statt Teilnehmen. In: Stark (1989): 191-222

Sacks, Harvey/Schegloff, Emanuel A./Jefferson, Gail (1974): A Simplest Systematics for the Organization of Turn-Taking for Conversation. In: Language 50 (4), 696-735

Saretzki, Thomas (1997): Demokratisierung von Expertise? Zur politischen Dynamik der Wissensgesellschaft. In: Klein/Schmalz-Bruns (1997): 277-313

Sartori, Giovanni (1987): The Theory of Democracy Revisited. Part I: The Contemporary Debate, Chatham, NJ: Chatham House Publ.

Scharpf, Fritz W. (2000): Interaktionsformen. Wiesbaden: VS Verlag für Sozialwissenschaften

Schatzki, Theodore R./Knorr Cetina, Karin/Savigny, Eike von (Hrsg.) (2001): The Practice Turn. In Contemporary Theory. London u.a.: Routledge

Scheflen, Albert E. (1976): Körpersprache und soziale Ordnung: Kommunikation als Verhaltenskontrolle (unter Mitarbeit von Alice Scheflen). Stuttgart: Klett

Schegloff, Emanuel A. (1992): On Talk and its Institutional Occasions. In: Drew/Heritage (1992): 101-134

Schegloff, Emanuel A.(2006): Interaction: The Infrastructure for Social Institutions, the Natural Ecological Niche for Language, and the Arena in which Culture is Enacted. In: Enfield/Levinson 2006: 70-96

Schegloff, Emanuel A. (2007): Sequence Organization in Interaction. A Primer in Conversation Analysis. Volume I. Cambridge/New York u.a.: Cambridge University Press

Scherer, Klaus R./Ekman, Paul (2005): Methodological Issues in Studying Nonverbal Behavior. In: Harrigan/Rosenthal/Scherer (2005): 471-512

Scherer, Klaus R./Walbott, Harald G. (Hrsg.) (1979): Nonverbale Kommunikation: Forschungsberichte zum Interaktionsverhalten, Weinheim/Basel: Beltz

Schewe, Gerhard (2005): Unternehmensverfassung. Corporate Governance im Spannungsfeld von Leitung, Kontrolle und Interessenvertretung. Berlin/Heidelberg/New York: Springer

Schickler, Eric/Rich, Andrew (1997): Controlling the Floor: Parties as Procedural Coalitions in the House. In: American Journal of Political Science 41 (4): 1340-1375

Schmauser, Caroline/Noll, Thomas (Hrsg.) (1998): Körperbewegungen und ihre Bedeutungen. Berlin: Berlin Verlag

Schmitt, Reinhold (2001): Von der Videoaufzeichnung zum Konzept „Interaktives Führungshandeln": Methodische Probleme einer inhaltlich orientierten Gesprächsanalyse. In: Gesprächsforschung – Online-Zeitschrift zur verbalen Interaktion 2, 141-192, unter: http://www.gespraechsforschung-ozs.de/heft2001/ga-schmitt.pdf [27.05.08]

Schmitt, Reinhold (2007): Einleitung. In: Schmitt (2007): 7-14

Schmitt, Reinhold (Hrsg.) (2007): Koordination. Analysen zur multimodalen Interaktion. Tübingen: Narr

Schneider, Steffen/Nullmeier, Frank/Lhotta, Roland/Krell-Laluhová, Zuzana/Hurrelmann, Achim (2006): Legitimationskrise nationalstaatlicher Demokratien? In: Leibfried/Zürn (2006): 197-229

Schönhuth, Michael (2002): Entwicklung, Partizipation und Ethnologie. Implikationen der Begegnung von ethnologischen und partizipativen Forschungsansätzen im Entwicklungskontext. Habilitation an der Universität Trier. Fachbereich IV. Online-Ressource, unter: http://www.uni-trier.de/fileadmin/fb4/ETH/Aufsaetze/habil_schoenhuth.pdf, [17.02.2008]
Schroer, Markus (Hrsg.) (2005): Soziologie des Körpers. Frankfurt a.M.: Suhrkamp
Schütz, Alfred (1971/72): Gesammelte Aufsätze, 3 Bde. Den Haag: Martinus Nijhoff
Schütz, Alfred (1974): Der sinnhafte Aufbau der sozialen Welt. Eine Einleitung in die verstehende Soziologie. Frankfurt a.M.: Suhrkamp
Schütz, Alfred/Luckmann, Thomas (1979): Strukturen der Lebenswelt. Bd.1. Frankfurt a.M.: Suhrkamp
Schwartzman, Helen B. (1986): The Meeting as a Neglected Social Form in Organizational Studies. In: Research in Organizational Behavior 8: 233-258
Schwartzman, Helen B. (1989): The Meeting. Gatherings in Organizations and Communities. New York, NY u.a.: Plenum Press
Searle, John A. (1969): Speech Acts. An Essay in the Philosophy of Language. London/New York: Cambridge University Press
Searle, John A. (1979): Expression and Meaning. Studies in the Theory of Speech Acts. Cambridge/New York/Melbourne/Madrid: Cambridge University Press
Selting, Margret/Auer, Peter/Barden, Birgit/Bergmann, Jörg/Couper-Kuhlen, Elizabeth/Günthner, Susanne/Quasthoff, Uta/Meier, Christoph/Schlobinski, Peter/Uhmann, Susanne (1998): Gesprächsanalytisches Transkriptionssystem (GAT). In: Linguistische Berichte 173: 91-122
Shambroom, Paul (2004): Meetings. London: Chris Boot
Shapiro, Ian (2002): Optimal Deliberation? In: The Journal of Political Philosophy 10 (2): 196-211
Shepsle, Kenneth A. (1978): The Giant Jigsaw Puzzle. Chicago: University of Chicago Press
Shepsle, Kenneth A. (1979): Institutional Arrangements and Equilibrium in Multidimensional Voting Models. In: American Journal of Political Science 23 (1): 27-59
Shepsle, Kenneth A./Weingast, Barry R. (1981): Structure-Induced Equilibrium and Legislative Choice. In: Public Choice 37 (3): 503-519
Shepsle, Kenneth A./Weingast, Barry R. (Hrsg.) (1995): Positive Theories of Congressional Institutions. Ann Arbor: University of Michigan Press
Silverman, David (Hrsg.) (2004): Qualitative Research: Theory, Method and Practice. Second Edition. London/Thousand Oaks/New Delhi: Sage
Smith, Steven S./Deering, Christopher J. (1984): Committees in Congress. Washington: Congressional Quarterly
Sommermann, Karl-Peter (Hrsg.) (2001): Gremienwesen und staatliche Gemeinwohlverantwortung [Schriftenreihe der Hochschule Speyer, Band 145]. Berlin: Duncker & Humblot
Stark, Wolfgang (Hrsg.) (1989): Lebensweltbezogene Prävention und Gesundheitsförderung. Konzepte und Strategien für die psychosoziale Praxis. Freiburg im Breisgau: Lambertus
Steiner, Jürg/Bächtiger, André/Spörndli, Markus/Steenbergen, Marco R. (2004): Deliberative Politics in Action. Analyzing Parliamentary Discourse. Cambridge u.a.: Cambridge University Press
Steinke, Ines (2003): Gütekriterien qualitativer Forschung. In: Flick/Kardorff/Steinke (2003): 319-331
Stern, David G. (2003): The Practical Turn. In: Turner/Roth (2003): 185-206
Stewart, Edwart C./Bennett, Milton J. (1991): American Cultural Patterns. A Cross-cultural Perspective. Yarmouth: Intercultural Press
Susskind, Lawrence E./Cruikshank, Jeffrey L. (2006): Breaking Robert's Rules. The New Way to Run your Meeting, build Consensus, and get Results. New York u.a.: Oxford University Press
Ten Have, Paul (1999): Doing Conversation Analysis: A Practical Guide. London/Thousand Oaks/New Delhi: Sage

Thurner, Paul W./Kroneberg, Clemens/Stoiber, Michael (2003): Strategisches Signalisieren bei internationalen Verhandlungen. Eine empirisch-quantitative Analyse am Beispiel der Regierungskonferenz 1996. Mannheim: MZES Arbeitspapier 70

Timm, Caja (Hrsg.) (2002): Unternehmenskommunikation offline/online. Wandelprozesse interner und externer Kommunikation durch neue Medien. Frankfurt a.M.: Peter Lang

Töller, Annette Elisabeth (2002): Komitologie. Theoretische Bedeutung und praktische Funktionsweise von Durchführungsausschüssen der Europäischen Union am Beispiel der Umweltpolitik. Opladen: Leske + Budrich

Toulmin, Stephen E. (2003); The Uses of Argument. Updated Edition. Cambridge: Cambridge University Press

Tullock, Gordon (1981): Why So Much Stability. In: Public Choice 37 (2): 189-205

Turner, Stephen P. (1994): The Social Theory of Practices: Tradition, Tacit Knowledge, and Presupposition. Chicago: University of Chicago Press

Turner, Stephen P. (2002): Brains/Practices/Relativism. Social Theory after Cognitive Science. Chicago/London: University of Chicago Press

Turner, Stephen P. (2007): Explaining Normativity. In: Philosophy of the Social Sciences 37 (1): 57-73

Turner, Stephen P./Risjord, Mark W. (Hrsg.) (2007): Philosophy of Anthropology and Sociology [Handbook of the Philosophy of Science; Vol. 15]. Amsterdam/Boston u.a.: Elsevier

Turner, Stephen P./Roth, Paul A. (Hrsg.) (2003): The Blackwell Guide to the Philosophy of the Social Sciences. Malden, MA u.a.: Blackwell

Tylor, Edward B. (1924) [1871]: Primitive Culture. 2 vols. New York: Brentano's

Van Aaken, Anne/List, Christian/Luetge, Christoph (Hrsg.) (2004): Deliberation and Decision. Economics, Constitutional Theory and Deliberative Democracy. Aldershot: Ashgate.

Wagenaar, Hendrik/Cook, Scott Douglas Noam (2003): Understanding Policy Practices. Action, Dialectic and Deliberation in Policy Analysis. In: Hajer/Wagenaar (2003): 139-171

Waldenfels, Bernhard (2007): Antwortregister. Frankfurt a.M.: Suhrkamp

Wasserman, Stanley/Faust, Katherine (2007): Social Network Analysis. Methods and Applications. Cambridge: Cambridge University Press

Weber, Max (1985): Wirtschaft und Gesellschaft. Grundriss der verstehenden Soziologie. Fünfte, revidierte Auflage. Tübingen: Mohr Siebeck

Weinig, Katja (1996): Wie Technik Kommunikation verändert. Das Beispiel Videokonferenz. Münster: LIT Verlag

Weinrich, Lotte (1992): Verbale und nonverbale Strategien in Fernsehgesprächen. Eine explorative Studie. Tübingen: Niemeyer

Wiesner, Achim (2006): Politik unter Einigungszwang. Eine Analyse föderaler Verhandlungsprozesse. Frankfurt a.M./New York: Campus

Winkler, Peter (Hrsg.) (1981): Methoden der Analyse von Face-to-Face-Situationen. Stuttgart: Metzler

Wiseman, Richard L./Koester, Jolene (Hrsg.) (1993): Intercultural Communication Competence. Newbury Park/London/New Delhi: Sage

Wittgenstein, Ludwig (1999): Tractatus logico-philosophicus. Tagebücher 1914-1916. Philosophische Untersuchungen. Werkausgabe Band 1. 12. Auflage. Frankfurt a.M.: Suhrkamp

Ziegahn, Linda (2001): Considering Culture in the Selection of Teaching Approaches for Adults. ERIC Digest, Online-Ressource, unter: http://www.ericdigests.org/2002-3/culture.htm. [09.02.2008]

Theorie

Dirk Baecker (Hrsg.)
Schlüsselwerke der Systemtheorie
2005. 352 S. Geb. EUR 24,90
ISBN 978-3-531-14084-1

Ralf Dahrendorf
Homo Sociologicus
Ein Versuch zur Geschichte, Bedeutung und Kritik der Kategorie der sozialen Rolle
16. Aufl. 2006. 126 S. Br. EUR 14,90
ISBN 978-3-531-31122-7

Shmuel N. Eisenstadt
Die großen Revolutionen und die Kulturen der Moderne
2006. 250 S. Br. EUR 34,90
ISBN 978-3-531-14993-6

Shmuel N. Eisenstadt
Theorie und Moderne
Soziologische Essays
2006. 607 S. Geb. EUR 49,90
ISBN 978-3-531-14565-5

Rainer Greshoff / Uwe Schimank (Hrsg.)
**Integrative Sozialtheorie?
Esser – Luhmann – Weber**
2006. 582 S. Geb. EUR 39,90
ISBN 978-3-531-14354-5

Axel Honneth /
Institut für Sozialforschung (Hrsg.)
Schlüsseltexte der Kritischen Theorie
2006. 414 S. Geb. EUR 29,90
ISBN 978-3-531-14108-4

Niklas Luhmann
Beobachtungen der Moderne
2. Aufl. 2006. 220 S. Br. EUR 24,90
ISBN 978-3-531-32263-6

Uwe Schimank
Differenzierung und Integration der modernen Gesellschaft
Beiträge zur akteurzentrierten Differenzierungstheorie 1
2005. 297 S. Br. EUR 27,90
ISBN 978-3-531-14683-6

Uwe Schimank
Teilsystemische Autonomie und politische Gesellschaftssteuerung
Beiträge zur akteurzentrierten Differenzierungstheorie 2
2006. 307 S. Br. EUR 29,90
ISBN 978-3-531-14684-3

Erhältlich im Buchhandel oder beim Verlag.
Änderungen vorbehalten. Stand: Juli 2007.

www.vs-verlag.de

VS VERLAG FÜR SOZIALWISSENSCHAFTEN

Abraham-Lincoln-Straße 46
65189 Wiesbaden
Tel. 0611.7878-722
Fax 0611.7878-400

Neu im Programm Soziologie

Hans Paul Bahrdt
Die moderne Großstadt
Soziologische Überlegungen
zum Städtebau
Hrsg. von Ulfert Herlyn
2. Aufl. 2006. 248 S. Br. EUR 34,90
ISBN 978-3-531-14985-1

Jürgen Gerhards
**Kulturelle Unterschiede
in der Europäischen Union**
Ein Vergleich zwischen Mitgliedsländern,
Beitrittskandidaten und der Türkei
2., durchges. Aufl. 2006. 316 S.
Br. EUR 27,90
ISBN 978-3-531-34321-1

Andreas Hadjar / Rolf Becker (Hrsg.)
Die Bildungsexpansion
Erwartete und unerwartete Folgen
2006. 362 S. Br. EUR 27,90
ISBN 978-3-531-14938-7

Ronald Hitzler /
Michaela Pfadenhauer (Hrsg.)
Gegenwärtige Zukünfte
Interpretative Beiträge zur sozialwissen-
schaftlichen Diagnose und Prognose
2005. 274 S. Br. EUR 19,90
ISBN 978-3-531-14582-2

Jürgen Mackert /
Hans-Peter Müller (Hrsg.)
Moderne (Staats)Bürgerschaft
Nationale Staatsbürgerschaft und die
Debatten der Citizenship Studies
2007. 416 S. Br. EUR 39,90
ISBN 978-3-531-14795-6

Andrea Mennicken /
Hendrik Vollmer (Hrsg.)
Zahlenwerk
Kalkulation, Organisation
und Gesellschaft
2007. 274 S. (Organisation und
Gesellschaft) Br. EUR 29,90
ISBN 978-3-531-15167-0

Gunter Schmidt / Silja Matthiesen /
Arne Dekker / Kurt Starke
Spätmoderne Beziehungswelten
Report über Partnerschaft und Sexualität
in drei Generationen
2006. 159 S. Br. EUR 21,90
ISBN 978-3-531-14285-2

Georg Vobruba
**Entkoppelung von Arbeit
und Einkommen**
Das Grundeinkommen in der
Arbeitsgesellschaft
2., erw. Aufl. 2007. 227 S. Br. EUR 24,90
ISBN 978-3-531-15471-8

Erhältlich im Buchhandel oder beim Verlag.
Änderungen vorbehalten. Stand: Juli 2007.

www.vs-verlag.de

VS VERLAG FÜR SOZIALWISSENSCHAFTEN

Abraham-Lincoln-Straße 46
65189 Wiesbaden
Tel. 0611.7878-722
Fax 0611.7878-400

MIX
Papier aus verantwortungsvollen Quellen
Paper from responsible sources
FSC® C105338

If you have any concerns about our products,
you can contact us on
ProductSafety@springernature.com

In case Publisher is established outside the EU,
the EU authorized representative is:
**Springer Nature Customer Service Center GmbH
Europaplatz 3, 69115 Heidelberg, Germany**

Printed by Libri Plureos GmbH
in Hamburg, Germany